中华传统美德百字经

温·温文尔雅

于永玉 胡雪虎◎

U0132696

　　一段历史之所以流传千古，是由于它蕴涵着不朽的精神；一段佳话之所以人所共知，是因为它充满了人性的光辉。感悟中华传统美德，获得智慧的启迪和温暖心灵的感动；品味中华美德故事，点燃心灵之光，照亮人生之路。

天津人民出版社

图书在版编目（CIP）数据

温：温文尔雅 / 于永玉，胡雪虎编. —天津：天津
人民出版社，2012.6
　　（巅峰阅读文库. 中华传统美德百字经）
　　ISBN 978-7-201-07587-7

　　Ⅰ．①温… 　Ⅱ．①于… ②胡… 　Ⅲ．①品德教育—中
国—通俗读物 　Ⅳ．① D648-49

中国版本图书馆 CIP 数据核字 (2012) 第 133727 号

天津人民出版社出版
出版人：刘晓津
（天津市西康路 35 号　邮政编码：300051）
邮购部电话：（022）23332469
网址：http://www.tjrmcbs.com.cn
电子信箱：tjrmcbs@126.com
永清县晔盛亚胶印有限公司印刷　新华书店经销
2012 年 6 月第 1 版　2012 年 6 月第 1 次印刷
690×960 毫米　16 开本　10 印张　字数：100 千字
定价：19.80 元

中国是一个具有悠久历史和灿烂文化的文明古国，也是举世闻名的礼仪之邦。在历史的长河中，中华民族创造出了绚丽多彩的物质文化和精神文化，为人类的发展和进步做出了重要贡献。其中，中华民族的传统美德被大家代代传承。

那么，什么是传统美德？什么是中华民族的传统美德呢？通常来说，传统美德就是在自觉或习俗的道德规范中，一些被大多数人所接受并实际奉行的，而且在现代仍有着积极影响的那些美德。具体到中华民族传统美德，概括起来就是指中华民族优秀的民族品质、优良的民族精神、崇高的民族气节、高尚的民族情感以及良好的民族礼仪等，是中华民族在历史实践过程中积累而成的稳定的社会优秀道德因素，体现在人们生活的方方面面，涉及政治、经济、文化、意识等领域，并通过社会心理结构及其他物化媒介得以代代相传。

前 言

经过长期的历史沉淀，中华传统美德已融入到中华民族的思想意识和行为规范中，成为社会道德文化的遗传基因，成为整个中华民族文化的精神内涵，也是中华五千年文明史的精髓所在。继承和弘扬中华民族传统美德，可以振奋民族精神，增强民族自尊心、自信心、自豪感和凝聚力，使社会主义道德规范具有更丰富的内涵，让社会主义、集体主义、爱国主义思想等更加深入人心，成为社会主义文化的主旋律。同时，还可以更好地协调人际关系，促进社会主义市场经济的健康发展，形成有中国特色的、适应社会发展的价值观和伦理道德规范。

国民的思想道德状况，尤其是青少年的思想道德状况，直接关系着一个国家、一个民族的整体素质，关系着国家前途和民族命运。目前，我国已进入改革发展的新时期新阶段，德育教育的价值和意义更是日渐凸显。大力弘扬中华传统美德，建设社会主义核心价值体系，促进社会主义文化的发展和繁荣，是建设全面小康社会的主要任务，更是实现中华民族伟大复兴的必然要求。因此，党中央非常注重我国公民道德建设，全社会也已形成了加强和改进思想道德建设的新风尚。

青少年是国家的希望，是民族不断发展和延续的根本，因此，青少年德育教育就显得更加重要。为了增强和提升国民素质，尤其是青少年的道德素质，我们特意精心编写了本套丛书——《中华传统美德百字经》。

本套丛书立足当前公民，尤其是青少年思想道德教育的现实，将中华民族的传统美德归纳为一百个字，即学、问、孝、悌、师、教、言、行、中、庸、仁、义、敦、和、谨、慎、勤、俭、恤、济、贞、节、谦、让、宽、容、刚、毅、睦、贤、善、良、通、达、知、理、清、廉、朴、实、志、道、真、立、忠、诚、公、正、友、爱、同、礼、温、信、尊、敬、恭、恕、责、仪、精、专、博、富、明、智、勇、力、安、全、平、顺、敏、思、积、利、健、率、坚、情、养、群、严、慈、创、新、变、革、争、谏、诲、齐、省、克、竞、求、简、洁、强、律。丛书内容丰富、涵盖性强，力图将中华民族传统美德的内涵囊括进去。丛书通过故事、诗文和格言等形式，全面地展示了人类永不磨灭的美德：诚实、孝敬、负责、自律、敬业、勇敢……

温·温文尔雅

这些故事在中华民族几千年的历史长河中，一直被人们用来警醒世人、提升自己，用做道德上对与错的标准；同时通过结合现代社会发展，又使其展现了中华民族在新时代的新精神、新风貌，从而较全面地展示了中华民族的美德。

在本套丛书中，为了帮助读者更好地理解这些源远流长的传统美德，我们还在每一篇故事后面给出了"故事感悟"，旨在令故事更加结合现代社会，结合我们自身的道德发展，以帮助读者获得更加全面的道德认知，并因此引发读者进一步的思考。同时，为丰富读者的知识面，我们还在故事后面设置了"史海撷英"、"文苑拾萃"等板块，让读者在深受美德教育、提升道德品质的同时，汲取更多的历史文化知识。

前 言

这是一套可以打动人心灵的丛书，也是可以丰富我们思想内涵的丛书……《中华传统美德百字经》向我们展示的是一种圣洁的、高尚的生活哲学。无论在任何社会、任何时代，给予人类基本力量的美德从来不曾变化。著名的美国政治家乔治·德里说："使美国强大的不是强权与实力，而是上帝赐予的美德。假如我们丢失了最根本且有用的美德，导弹和美元也不能使我们摆脱被毁灭的命运。"在今天，我们可能比任何时候都更应关心道德问题，尤其是青少年的道德问题，因为今天我们正逐渐面临从未有过的道德危机和挑战。

人生的美德与智慧就像散落的沙子，我们哪怕每天只收集一粒，终有一天能积沙成塔，收获一个光辉灿烂的明天。《中华传统美德百字经》中的美德故事将直指我们的内心，指向人性中善良的一面，唤起我们内心深处的道德感。因此，中华民

族的传统美德也一定会在我们的倡导和发扬之下，世世传承，代代延续！

全套丛书分类编排，内容详尽、文字优美、风格独具，是公民，尤其是青少年思想道德建设的优秀读物。愿这些恒久流传的美文和故事能抚平我们每个人驿动的心，愿这些优秀的美德种子能在青少年身上扎根、发芽、生长……

温·温文尔雅

"温文尔雅"这个成语，最早出自蒲松龄《聊斋志异》中的《陈锡九》一章。其中有"此名士之子，温文尔雅，乌能作贼？"之语。在此之前，"温文"和"尔雅"，一直是两个各自独立的词语。

"温文"一语，出自《礼记·文王世子》，其中有"恭敬而温文"之语。一般"温文"的解释是：温润文章。就"尔雅"的词义而言，所谓"尔"，应该是"遐迩闻名"之"迩"的通假字。到了汉代，就已经有人用"尔雅"来赞誉和形容文词或文章的纯正高雅。司马迁《史记·儒林传序》中"文章尔雅，训辞深厚"的"尔雅"，正是此意。

只有长期地温习文章、温润文明，接近纯正、趋近高雅，才能真正提高自己的内在修养。

温文尔雅，是一种气质与风度。温文尔雅之人，一要学识渊博，二要气度非凡。正所谓"腹有诗书气自华"。谦虚的微笑、微躬的躯体、文雅的言行、真诚的交流、低调的姿态，都是温文尔雅的外在表现。

温文尔雅，是中国传统文化几千年积淀下来的精华，是一种厚积而薄发的智慧光芒。它曾经是中国传统文化中对一个人的最高赞赏：读书之人，温文尔雅自然是本分；军旅战将，战术精通，武艺高强，倘若又能饱学诗书，则堪称儒将；经商之士，既能生意兴隆，财源广进，又学识不凡者，叫儒商；从事演艺的人，表演艺术精湛，又喜欢读书，学养深厚，则称儒伶；为官之人，博学多识，气度不凡者，则称为儒官。

随着社会的进步，现代人越来越崇尚个性，以彰显自身的魅力，这本无可厚非，然而，有不少人追求个性的同时，却与儒雅之风背道而驰，具有儒雅风度的人也日益减少。相反，不修边幅，满嘴粗话脏话，言行举止不合常规的人越来越多。凡此种种的"失礼"、"违规"、"违纪"行为，并不是小节问题，从根本上讲，是气度问题、思想问题、修养问题。正是因为这些人和这些事，让我们这个社会失去许多亮色。这更需要我们提高自身素质修养，继承先人温文尔雅的作风，发扬光大祖国的传统文化。

儒雅的气质不是天生就有的，而是通过后天自身努力修炼出来的。同时，它也不是几个姿势就能学会的，而是靠长期文化熏陶和滋润才能练就的一种姿态。因此，要达到温文尔雅的境界，首先要博学，要多读书，提升内涵；其次是要修身养性，陶冶情操。也就是内强素质，外塑形象，方能达到儒雅的境界。

请谨记，提高自身素质，传承中华文明，营造儒雅之风，构建和谐社会，这是我们作为一名中国人应尽的职责！

目录

ZHONGHUACHUANTONGMEIDEBAIZIJING

中华传统美德百字经

温·温文尔雅

第一篇

温和善良

马援善意诫子侄

◎父善教子者，教于孩提。——格言

马援（生卒年不详），东汉开国功臣之一。因功累官伏波将军，封新息侯。马援的祖先是战国时赵国名将马服君赵奢。新莽末年，天下大乱，马援初为陇右军阀隗嚣的属下，甚得隗嚣的信任。归顺光武帝后，为刘秀的统一战争立下了赫赫战功。天下统一之后，马援虽已年迈，但仍请缨东征西讨，西破羌人，南征交趾（今越南），其"老当益壮"、"马革裹尸"的气概甚得后人的崇敬。

伏波将军马援是东汉王朝的开国功臣。他的两个侄子马严和马敦喜欢结交朋友，尤其喜欢跟有名的侠客往来频繁。

马援并不反对侄子们交朋友，但一直对他们喜欢议论和讥讽别人的做法担心。他担心什么呢？他害怕侄子祸从口出，给自己惹来杀身之祸。

在马援带兵征讨交趾徵侧、徵贰起义的日子里，尽管征途遥远，戎马倥偬，他还是修书告诫两位侄子。

在中军大帐里昏暗的烛光下，征战了一天的马援将军虽然已经很疲惫了，可他还是想着刚才自己的副将说过的话，心情很沉重，又开始为自己的两个侄子忧心。究竟是什么事情让马援如此忧心呢？

副将刚刚从京城回来，他听说马援的侄子在酒楼与几个有名的侠客喝酒时，不时地议论朝廷的事情。而在议论朝廷的言谈话语之中，难免涉及具体的人。

有道是"好事不出门，坏事传千里"，如果这些话传到某些人的耳朵里，就可能给他们惹来麻烦。想到这里，马援更加不安了。他放下手里的兵书，提起笔来，伏案疾书，给两个侄子写信：

"我听说你们知道别人的过失，如同知道自己父母的名字一样，只能用耳朵去听，嘴却不能说出来。好议论人长短是荒诞的，也是不正常的。这是我最厌恶的，我宁死不愿子孙有这样的行为。你们知道我最厌恶这样的行为，希望你们不要忘了我说的话。"

马援在信里还以龙述和杜季良两个人为例，劝说自己的侄子。龙述为人敦厚善良，考虑问题周全、谨慎，不但谦虚，生活也十分节俭，在军中很有威望；而杜季良这个人当时任越骑司马，豪侠好义，忧人之忧，乐人之乐，正误集于一身。这两人都是马援所看重的爱将，但马援却希望侄子效法龙述，不要效仿杜季良的为人。

马援把信写完后，长出了一口气，似乎轻松了一些。随即，马援叫来传令兵，让他骑快马，立即起程，把这封信星夜送到家里。在上马之前，马援还再三叮嘱传令兵，一定要多加小心，那封信千万不能有失。传令兵郑重地答应着，心想，既然是十分重要的信，为什么要送给自己的侄子，难道将军家里出了大事不成？传令兵哪里猜得到将军此时此刻的心思。

在马援看来，教育好自己的侄子，与战场的胜败几乎没有本质上的不同。他是把"以人为镜"与战争的成败，看得一样重要。

◎故事感悟

马援苦心孤诣地用讲事实摆道理来向两个侄子说明为人、为官应该拥有的善良品行和应遵循的准则，在马援看来，教育好子女是比自己取得军功还要有意义的事情。

◎史海撷英

马援平定交趾

建武十七年（41年），交趾太守苏定依法处决了诗索。诗索之妻徵侧及妹徵贰起兵反抗，攻占郡城。九真、日南、合浦"蛮夷"起而响应，攻掠岭外60余城，徵侧自立为王。

光武帝拜马援为伏波将军，以扶乐侯刘隆为副将，督楼船将军段志等征讨二徵。大军行至合浦，段志病故，诏马援并将段志兵。马援缘海而进，随山开道千余里。

建武十八年（43年）春，大军到了浪泊，大破二徵，斩首数千级，降者万余人。马援追二徵至于禁溪，每次击败之，其众离散。次年正月，斩杀徵侧、徵贰，传首洛阳。马援受封为新息侯，食邑3000户，犒劳军士。

马援率楼船2000余艘，战士2万余人，追击二徵余部都羊等，自无功至居风，斩获5000余人，余众散亡，岭南悉定。马援以西于县有3.2万户，地远，奏请分成封溪、望海二县，得到许可。

马援所过之处，皆"为郡县治城郭，穿渠灌溉，以利其民"。他还条奏越律与汉律乖舛者十余事，加以整顿，"与越人申明旧制以约束之，自后骆越奉行马将军故事"。

建武二十年（44年）秋，马援班师回朝，军吏经瘴疫死者大约一半。光武帝赐他兵车一乘，朝见时位次九卿。

◎文苑拾萃

马革裹尸

马革裹尸，指用马皮把尸体裹起来。寓意将士要英勇牺牲在战场方为天职的英雄气概。出自《后汉书·马援传》。

马援在征讨叛军凯旋后，朋友们都来迎接、犒劳。平陵人孟冀是一个很有计谋的人，和在座的朋友一起祝贺马援。马援对孟冀说：

"我希望你有好话教导我，怎么反而同众人一样呢？我立了小功就接受了一个大县，功劳浅薄而赏赐厚重，像这样怎么能够长久呢？先生有什么来帮助我呢？"

孟冀说："我水平能力不够。"

马援说："现在匈奴和乌桓仍然在北边侵扰，我想攻击他们。男子汉应该死在边疆战场，用马皮包着尸体下葬，怎么能安心享受儿女侍奉而老死在家里呢！"

孟冀："你确实是勇士啊，确实是应当那样啊。"

陆机劝人改过

◎不贵于无过，而贵于能改过。——王守仁《改过》

陆机（261—303），字士衡，吴郡吴县（今江苏苏州）人。西晋文学家，与其弟陆云合称"二陆"，后死于"八王之乱"，被夷三族。曾历任平原内史、祭酒、著作郎等职。世称"陆平原"。

戴渊是东晋时期人，从小生活在广陵（今江苏省扬州市）。他小时候机灵聪颖，五六岁时就能像一个将军一样指挥邻居家的孩子们游玩，甚至一些年龄比他大的孩子也心甘情愿地受他指挥。人们都夸奖戴渊是个难得的人才。

可是当戴渊稍大一些时，却变得不肯读书了。后来干脆弃学，在外面游荡，动不动就和人动武打架。还常常指挥他的一帮小兄弟到处偷吃扒拿，扰得整个地方乌烟瘴气，谁见了他都害怕。

戴渊的父母初时对他还苦苦劝诫，可没有用。父母被他气得捶胸顿足，但又毫无办法，实在忍无可忍，便把他赶出了家门。

戴渊离家之后再也没有人管束了，更加无法无天了。他纠集了一群无赖少年，流窜在长江、淮河一带，专门干些打家劫舍，拦路抢劫的勾当。来往的车辆舟船，只要被他们盯上，没有一个不被抢劫的。一时，弄得江淮一带的行人只好绕道而行。

官府派人去捉拿戴渊一伙，但是每次都被他们逃脱了。有几次虽然捉住他的几个同伙，却招惹了更多的麻烦，戴渊指使他的人将官府也洗劫一空。

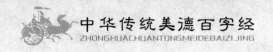
一些无能官吏十分害怕，只好辞官还乡。

有一天，同伙向戴渊报告，说是在长江发现一条大船，船上装满了包裹箱笼，随船的人也不多。

戴渊一听，高兴得不得了，以为有"大鱼"来了，立刻带领手下的人到江边察看。果然见到一条大船在江面上缓缓地逆水而行，船身装饰华丽，船头和船尾都堆满了箱笼，船上只有几名船夫。

戴渊一伙见了，喜从天降。戴渊如此这般地吩咐几句，他手下的人便飞快地跑开了。

再说在这条大船上的不是别人，正是东吴很有名望的学者陆机。陆机此时乘船到洛阳去休假，没想到在这里遇到了戴渊一伙。

这陆机毕竟是个胸怀坦荡的学者，处变不惊，他见有人来抢劫，仍然镇静自若地走出船舱，站在船头仔细瞭望。

只见戴渊坐在江边的一张交椅上，神情自若地指挥着一群少年进行抢掠，每个指令都是那样得当，那样有条不紊。那些少年在他的指挥下动作也都很麻利、果断。

陆机看了，不由得暗暗称奇。再仔细一看戴渊，只见这位翩翩少年的神情姿态无不超群出众，虽然是在干着抢劫的勾当。

陆机看过之后，不由得扼腕叹息"可惜，可惜"。西晋末年，是我国历史上兵荒马乱的时期，北方的少数民族不断南侵，而晋朝统治者却过着骄奢淫逸、醉生梦死的生活，那正是朝廷迫切需要人才的时候，如果能使戴渊这样的人幡然悔悟，弃暗投明，对国家是很有好处的。

陆机想到这些，便从容不迫地走到船尾，和颜悦色地对岸上的戴渊说：

"我刚才看你指挥手下人时的神情，就像一个指挥作战的将军一样，你既然有这么大的才能，为什么不能做点有利于国家的事业，却要在这里干这种鸡鸣狗盗见不得人的事情呢？"

戴渊在岸上也早已注意到陆机了，他看到手下人跳上陆机的船只抢劫时，陆机镇静自若，毫无惧色，心里暗暗称奇。他想：

"我在江湖闯荡已经多年，从来还没有见到这样的客人，大难临头却神情自若，面不改色！"

当陆机走到船尾来和他讲话时，戴渊发现陆机确实是个知书达理、气质不凡的人，心里先有了几分敬畏，又听陆机说出上面这些不同凡响的话来，不由得惭愧万分，无地自容。

当他得知面前这位和善的长者就是当时远近闻名的学者陆机时，立刻拜倒在地，请求陆机宽恕。

陆机微笑着说道：

"我刚才问你的话，你还没有回答我呢！大丈夫生当尽忠报国，死也要死得其所，你为什么偏偏要在这江湖上鬼混，干那些伤天害理的事情呢？"

戴渊涕泪交流地哭诉道：

"我从小不读诗书，不明事理，干了不少坏事，被父母赶出家门，从此破罐子破摔，弄得天怒人怨。现在我不做这些事又能做些什么呢？再说，我现在名声这样恶劣，谁还会收留我呢？"

陆机沉吟了一会儿，对戴渊道：

"你能有这样的想法，说明你的天良还没有泯灭，还没有到完全不可救药的地步。只要你能痛下决心，弃恶从善，以你这样的才能是完全可以为国家作出一番事业的。"

戴渊听了陆机的这番教导，觉得自打出生以来，从来没有人这样真心、友善地对待自己、关心自己。他不由得心里一热，连忙扔掉手中的武器，对陆机再次下拜，恳求归附陆机。

陆机见他言辞恳切，确有悔改之心，便欣然同意。从此，戴渊虚心诚意地跟随陆机读书学习，他十分勤奋，进步极快，终于成为一个为人正派、言谈举止严肃认真的人。

陆机见戴渊已经彻底脱胎换骨，悔过自新，成为一个有教养的人，对他更加器重，与他结为好友，又推荐他出来任职。戴渊果然不负众望，指挥军队作战得心应手，打了许多胜仗。戴渊后来成为东晋大将，官封征西大将军，为抵抗外族入侵、保家卫国作出了很大的贡献。后来戴渊为东海王越军咨祭酒，出任豫章太守。

◎故事感悟

　　人生在世，难免会做错事、走错路，但陆机能以一颗温厚的善心劝说他人改过，实为善人的典范。而戴渊能够听从规劝、改正错误，使自己成为对国家有用的人，并建立功业，同样值得称颂。

◎史海撷英

王敦之乱

　　永昌元年（322年）正月，王敦从荆州起兵，以诛刘隗为名进攻建康。司马睿闻讯后大怒，遂命刘隗等人赶往建康准备防守。不仅如此，司马睿还亲自披甲出镇城郊。

　　王敦率军一路前进到石头城（建康西边的军事要塞），本来他打算进攻刘隗镇守的金城，但杜弢劝他先攻石头城。王敦听从了杜弢的建议。守将周札开城门投降，王敦又击败了戴渊、刘隗、王导、周顗、郭逸和虞潭的进攻，刘隗和刁协北走。

　　王敦攻入石头城后，并不急着到建康朝见司马睿，反而拥兵在石头城，更是放纵兵士四处劫掠。官众因乱逃走，只留下安东将军刘超领兵与两名侍中一同侍奉司马睿，司马睿也只得求和。

　　王敦见到王导时，责怪王导在当日司马睿继位前不听他劝，改立幼主而让他可以专擅朝政，才令内乱发生，几乎令王氏覆灭。但王导仍秉正地与王敦议论，王敦无法争辩。后来，王敦自任丞相、江州牧，进封武昌郡公，又加羽葆鼓吹，让太常荀崧拜受，王敦曾假意辞让。

　　王敦又杀了周顗、戴渊，更因太子司马绍为人有勇略，意图诬陷他不孝而废掉他，但遭到了温峤的大力反对而不能成事。

　　不久后，王敦便回到武昌，遥控朝政。得势后，王敦开始谋害易雄等忠良之士，又在朝中树立党羽，将相州牧都是王氏族人，而且又以沈充、钱凤二人为谋主，纵容手下为非作歹，无法无天。其堂弟王棱曾不断劝谏王敦，但却遭到王敦

暗杀。王敦后又自领宁州和益州都督。同年，司马睿因忧愤而死，由太子司马绍
继位，是为晋明帝。

◎文苑拾萃

世说新语·自新

（南朝·宋）刘义庆

　　戴渊少时，游侠不治行检，尝在江淮间攻掠商旅。陆机赴假还洛，辎重甚盛，
渊使少年掠劫。渊在岸上，据胡床指麾左右，皆得其宜。渊既神姿峰颖，虽处鄙事，
神气犹异。机于船屋上遥谓之曰："卿才如此，亦复作劫邪？"渊便泣涕，投剑归机。
辞厉非常，机弥重之，定交，作笔荐焉。过江，仕至征西将军。

王羲之题字助人

◎谁伴余苦吟，满林啼络纬。——文同

> 王羲之（303—361），字逸少，号澹斋。原籍琅琊临沂（今属山东），后迁居会稽（今浙江绍兴）。中国东晋书法家，有"书圣"之称。为南迁琅琊王氏士族贵胄，后官拜右军将军，人称王右军。其书法师承卫夫人、钟繇。著有《兰亭集序》。

王羲之是东晋时期最杰出的书法家，官至右军将军，故而人称"王右军"。王羲之在宁阳题字助人的故事，至今都在流传。

传说有一天，王羲之路过大孟集，看见一家买饺子的店铺门口人声喧嚷，非常热闹。尤其是门旁的那副对联，格外引人注目，上面写着"经此过不去，知味且常来"十个字，横匾上写的是"鸭儿饺子铺"。

对联是不错，可是字却写得呆板无力，缺少功夫。王羲之看罢，心中暗想：这样的字也配当匾吗？可是又一琢磨：经此过不去，知味且常来。到底是什么人的买卖，敢如此夸口？

于是，王羲之走过去看个究竟。近处一瞧，铺内有一口开水大锅，设在一道矮墙的旁边。已经包好的白面饺子好像一只只白色的小鸟一样，一个接一个地越墙飞过来，正好落入滚沸的大锅中。一锅下满，不用招呼，小鸟就停飞了。

等这锅饺子煮好捞完，小鸟再继续排队一样飞过来，而且准确无误。

王羲之感到十分惊讶，就掏出一些散碎银两，要了一碗饺子，然后坐下等着。这时他才发现，那些饺子个个都玲珑精巧，好像浮水嬉戏的小鸭子一样，真是巧夺天工，美妙绝伦！

饺子煮好后，放在他面前的桌子上，王羲之用筷子将饺子夹起，慢慢地送到嘴边，轻轻一咬，一阵清香扑鼻，鲜美满口。不知不觉间，一大碗饺子就被王羲之吃完了。

饱餐之后，王羲之心里想：这鸭儿饺子这么好，只是那副对联的字写得太差了，与这美味的饺子实在是不能相配，我何不为他们另写一副对联呢？也不辜负我来此品尝。

于是，王羲之就问店伙计：

"请问您的店主人在哪里？"

伙计指着矮墙说：

"回相公，店主人就在墙后。"

王羲之绕过矮墙一看，只见一位白发苍苍的老婆婆坐在面板之前，一个人擀饺子皮，又包饺子馅，转眼即成，动作麻利。

更令人惊奇的是，在包完之后，老婆婆随手将饺子向矮墙那边抛去，鸭儿饺子便一个个越墙而过飞进锅里。老人的高超技艺让王羲之惊叹不止。他赶忙上前问道：

"老人家，像您这样深的功夫，多长时间才能练成？"

老人答道："不瞒你说，熟练需50年，深熟需一生。"

王羲之沉默了一会儿，好像在品味着这句话的含义。然后他又问道：

"您的手艺这么好，为什么门口的对子不请人写得好一点呢？"

老人气鼓鼓地说：

"相公你是有所不知，并非老身不愿意请，只是不好请啊！有的人写字刚有了点名气，就眼睛向上，只为高官和金钱题字，哪肯为我们老百姓写字？其实，照我看，他们写字的功夫还不如我这扔饺子的功夫深呢！"

王羲之听了老人的话，脸上顿时感到火辣辣的。于是，他特意写了一副对联，恭恭敬敬地送给了这位老人。

第二天，王羲之就要离开宁阳了。在路上，他又碰巧遇到一位老婆婆拎了一篮子六角形的竹扇在集市上叫卖。那种竹扇很简陋，没有什么装饰，引不起过路人的兴趣，看样子也卖不出去了，老婆婆十分着急。

王羲之见状，很是同情，就走上前问老婆婆：

"您这竹扇上没画没字，当然卖不出去。我给你题上字再卖，怎么样？"

老婆婆不认识王羲之，也不知道这就是有名的书法家，只是见他热心，就把竹扇交给他写了。

王羲之提起笔来，在每把扇面上龙飞凤舞地写了几个字，还给了老婆婆。

老婆婆不识字，只是看王羲之写的字很潦草，就不高兴了。

王羲之安慰她说："别急，你告诉买扇子的人，说上面是王右军写的字，肯定会有人买的。"

说完，王羲之就离开了。老婆婆就照他的话做了，结果集市上的人一看真是王右军的书法，都抢着买她的扇子，一箩竹扇很快就卖完了。

◎故事感悟

王羲之温尔和善良，帮助了两位老婆婆。我们做人也应该如此，尽自己的能力去帮助他人，为他人行方便，这样才能赢得别人的尊重和敬仰。

◎史海撷英

王羲之的书法造诣

王羲之7岁时就跟随书法家卫铄学习书法，庾翼在荆州见时人竞习王羲之书体，不以为然地说：

"小儿辈乃贱家鸡，爱野鹜，皆学（王）逸少书，须吾还，当比之。"

相传王羲之住处的附近有一个小池子，王羲之每天在练完书法后都要到此洗笔。久而久之，池水竟然变成了黑色，甚至能直接蘸取充墨汁用。

王羲之善于写草书、隶书、八分、飞白、章草、行书等，各种字本都写得很好，而又自成一家，千变万化，有如神授。他的隶书、行书、草书、章草、飞白五种字体都是神品。他的妻子郗氏也精通书法。他有七个儿子，其中王献之最出名，玄之、凝之、操之等也都精通草书。

后来，王羲之用章草体给庾亮写了一封信，庾亮拿给庾翼看。庾翼看了以后，内心十分佩服，就给羲之写信说：

"我从前有八幅张芝写的章草，南渡长江时颠沛流离丢失了，为此我经常感叹：这样神妙的墨迹永远也看不到了。忽然看到你写给家兄的书信，眼前突然出现了奇迹，刹那间好像从前遗失的章草又出现在面前。"

◎文苑拾萃

兰亭集序

（东晋）王羲之

永和九年，岁在癸丑，暮春之初，会于会稽山阴之兰亭，修禊事也。群贤毕至，少长咸集。此地有崇山峻岭，茂林修竹；又有清流激湍，映带左右，引以为流觞曲水，列坐其次。虽无丝竹管弦之盛，一觞一咏，亦足以畅叙幽情。

是日也，天朗气清，惠风和畅。仰观宇宙之大，俯察品类之盛。所以游目骋怀，足以极视听之娱，信可乐也。

夫人之相与，俯仰一世，或取诸怀抱，悟言一室之内；或因寄所托，放浪形骸之外。虽趣舍万殊，静躁不同，当其欣于所遇，暂得于己，快然自足，不知老之将至；及其所之既倦，情随事迁，感慨系之矣。向之所欣，俯仰之间，已为陈迹，犹不能不以之兴怀。况修短随化，终期于尽。古人云："死生亦大矣。"岂不痛哉！

每览昔人兴感之由，若合一契，未尝不临文嗟悼，不能喻之于怀。固知一死生为虚诞，齐彭殇为妄作。后之视今，亦犹今之视昔。悲夫！故列叙时人，录其所述，虽世殊事异，所以兴怀，其致一也。后之览者，亦将有感于斯文。

战事中的温文尔雅

◎人之为善，百善而不足。——杨万里

> 萧衍（464—549），字叔达，小字练儿。萧衍是兰陵萧氏的世家子弟，出生在秣陵（今南京），为汉朝相国萧何的二十五世孙。他原来是南齐的官员，南齐中兴二年（502年），齐和帝被迫"禅位"于萧衍，南梁建立。梁武帝萧衍在位时间达48年，在南朝的皇帝中列第一位，在位颇有政绩。在位晚年爆发"侯景之乱"，都城陷落，被侯景囚禁，饿死于台城，享年86岁，葬于修陵，谥为武帝，庙号高祖。

征东大将军萧衍率兵东下时，豫州刺史马仙琕不肯归顺萧衍。萧衍就派马仙琕的熟人姚仲宾去劝说他。

马仙琕先是热情地设宴款待姚仲宾，然后在军门把姚仲宾斩首示众了。

萧衍又派马仙琕的本家叔叔马怀远去，结果马仙琕却说要大义灭亲，多亏部下求情，马怀远才捡了一条命。

萧衍到达新林时，马仙琕还是每天派兵拦截萧衍的运粮船。萧衍围困宫城时，各州郡纷纷派使者来投靠萧衍，吴兴太守袁昂却在境内抗拒不投降。

后来，建康平定了，萧衍派豫州刺史李元履巡抚东南一带，嘱咐他说："袁昂世代有名节，不可用兵威凌辱他。"

李元履到吴兴，向袁昂宣读了萧衍的旨令。袁昂还是不投降，只是打开城门，撤去守备而已。马仙琕听说京都失陷，泣不成声。他对部属说：

"你们都有父母，不可不顾及。你们做孝子，我做忠臣吧。"

他命令城内的军队全部出降，只留下几十名士兵，闭门独守。

不一会儿，萧衍的军队冲进来，把他围了几十重。他让士兵拉开弓箭，谁也不敢靠前。僵持到天黑，他才放下弓箭，说：

"你们尽管来抓我吧，我不会投降的。"

萧衍把他和袁昂都释放了。萧衍说：

"二位的行为，让天下人看到了什么是义士。"

接着，他又对马仙琕说：

"公子小白不记管仲的旧仇，重耳不记寺人的旧怨，他们都为古人所赞美。你不必因为过去的事情见外。"

马仙琕感动地说：

"小人好比失去主人的狗，被新的主人豢养，那只好为新的主人使用了。"

萧衍听罢大笑，对马仙琕和袁昂都给以优厚的待遇。

◎故事感悟

萧衍心胸宽广，所以能够得到部下的广泛支持；萧衍的心也是温和善良的，所以能够得到部下的拥护。

◎史海撷英

萧衍勤政

梁武帝萧衍做皇帝之后，初期的政绩非常显著。他吸取了齐灭亡的教训，自己很勤于政务，而且不分冬夏春秋，总是五更天起床，批改公文奏章，冬天手都冻裂了。

为了广泛地纳谏，听取众人意见，最大限度地用好人才，他下令在门前设立两个盒子（当时叫函），一个是谤木函，一个是肺石函。如果功臣和有才之人，没有因功未能受到赏赐和提拔，或者没有良才使用，都可以往肺石函里投书信；如果是一般的百姓，想要给国家提什么批评或建议，可以往谤木函里投书。

萧衍还很重视对官吏的选拔任用，他要求地方的长官一定要清廉，经常亲自

召见他们，训导他们遵守为国为民之道，清正廉明。为了推行他的思想，萧衍还下诏书到全国，如果有小的县令政绩突出，可以升迁到大县里做县令。大县令有政绩就提拔到郡做太守。政令执行起来后，梁的官治状况得到显著改善。

◎文苑拾萃

车中见美人

（南朝·梁）萧纶

关情出眉眼，软媚著腰肢。

语笑能娇媄，行步绝逶迤。

空中自迷惑，渠傍会不知。

悬念犹如此，得时应若为。

公义温和得民心

◎世间好看事尽有，好听话极多，惟求一真字难得。——申居郧

辛公义（540—602），陇西狄道人。他早年丧父，由母亲一人抚养，母亲亲自教他读书。北周天和年间，被选为良家子任太学，为太学生时以勤奋好学著称。武帝宇文邕召入露门学，学习道义。武帝每月将学子集中于御座前，让他们与大儒一起讲论道义。对公义所论，武帝数次赞叹他有独到见解，同辈人因此很羡慕他。

隋文帝开皇十年（590年），驾部侍郎辛公义被任命为岷州刺史。当时，岷州地区的人都很害怕疾病，认为病都会传染，因此人一得病，就被单独隔离，连家人都远远避开。很多病人因为得不到悉心护理而死去，人和人之间的关系显得很冷漠。这种做法在当地已经习以为常，辛公义决心用仁爱之心感化民众，改变这一陋习。

这年的夏季，又有许多人患病，辛公义在自己的厅堂内铺设床榻，把所有的病人都接来救治。于是，厅堂内甚至外面的走廊里都被几百名病人挤满了。

辛公义用自己的钱给病人请医买药，他昼夜守候在病人身边，巡视照料。很快，病人一个个痊愈了。

辛公义派人叫病人的亲属来接人，对他们说："你们看，这病怎么会传染呢？我不是活得好好的吗？"

病人的亲属既感动又惭愧，回去后纷纷传颂辛公义的恩德。一传十，十传百，人们生了病都去找辛公义，他们的亲属也都留下照料病人。从此，人们相互之间和睦亲爱，旧的陋习被彻底铲除了。

◎故事感悟

不顾自己的生命安危，用实际行动造福百姓，辛公义的行为可谓胸怀善念、大公无私！

◎史海撷英

辛公义勤政

辛公义调任牟州刺史，初到任，就先到监狱里去，亲自审问案情。十多天内，他把案件全部判断完后，才回到大厅。受领的新案子，他都不用文字记下来，而是派一个掌管办事的辅助官员坐在一旁审问。若案子没审完，当事人必须要监禁起来的时候，辛公义就回到厅里住宿，案子不结案，他不回到内室睡觉。有的人劝他说，"案子这事需要有一定的时间，你何必折磨自己呢？"辛公义回答说："我做刺史没有德行可以教导百姓，还让百姓拘禁在狱中，哪里有被监禁的人在狱中而自己心里踏实的呢？"罪人听到这后，都诚心服罪。后来有想打官司的，那人乡里的父老就开导地说："这是小事，怎么能忍心让刺史大人辛苦劳累？"打官司的人大多双方相让而不再打官司。

李世民温文尔雅

◎善良才是人生最高的美德。——格言

唐太宗李世民（599—649），唐朝第二位皇帝。陇西成纪人，政治家、军事家、书法家、诗人。即位为帝后，积极听取群臣的意见，努力学习文治天下，成功转型为中国史上最出名的政治家与明君之一。唐太宗开创了历史上的"贞观之治"，经过主动消灭各地割据势力，虚心纳谏，在国内厉行节约，使百姓休养生息，终于使得社会出现了国泰民安的局面，为后来全盛的开元盛世奠定了重要的基础，将中国传统农业社会推向鼎盛时期。

突厥的颉利可汗咄苾重用汉人赵德言，改变了许多风俗习惯，制定了很多繁琐苛刻的政令，引起突厥百姓的不满。咄苾还信任各部胡人，疏远本族的人，加上连年饥荒，税收繁重，百姓怨声载道，上下离心离德，很多部落反叛，咄苾的兵力日见衰弱。

唐朝许多大臣请求乘机出兵征讨，唐太宗李世民问：

"出兵讨伐，朕不得不顾及刚刚和突厥签订的盟约。但不出兵，恐怕又会失去机会。你们说怎么办好？"

太子少师萧瑀请求出兵，吏部尚书长孙无忌则反对。他说：

"突厥并没有侵扰我们的边境，在这种情况下出兵讨伐是背信弃义，还劳民伤财。这绝对不是正义之师的作为。"

李世民听从了长孙无忌的意见，没有出兵。到了唐太宗贞观元年（627年）

十二月，咄苾越来越衰败，百姓纷纷离散。又偏偏赶上连降大雪，冻死了许多牲畜，百姓也缺衣少食。咄苾担心唐朝会乘机出兵，于是亲自带领兵马来到朔州边境，说是要会猎，实际是防备唐朝进攻。

李世民派鸿胪寺卿郑元璹出使突厥，郑元璹回来后禀报说：

"现在突厥百姓挨饿，牲畜瘦弱，显示了灭亡的征兆，估计不会超过3年。"

许多大臣都劝说李世民乘机袭击突厥。李世民却坚决反对，他说：

"和人家定了盟约，又要毁约，这是不守信用。利用人家现在遇到的天灾人祸，这是不仁不义。乘人之危，这也不是勇武的行为。我一定要看到他们有罪过，再出兵讨伐。"

◎故事感悟

李世民的做法是正确的，太宗心怀善念、大仁大义。其实我们做人也是一样，不可乘人之危啊！

◎史海撷英

唐太宗勤政

倡导廉政、节俭、朴素，重视农田水利，太宗朝在廉政建设方面是相当成功的。他并没有像朱元璋一样严惩贪官污吏，而是建立一个廉洁奉公、遵纪守法的，当时朝廷中不少卿相家境贫困，如温彦博、戴胄、于志宁、魏征、张玄素等，再加上良好风气的宣传和行政监督，及时预防了官员犯错，因此当时的官员相当奉公守法、廉洁自律。

太宗皇帝比较注意节俭，不滥用民力，注意与民休息，当时社会形成了一种朴素求实的作风。太宗皇帝也相当重视农业，京官外巡回京太宗都会优先召见，有一次太子冠礼与农时违背，他也要求进行更改。

◎文苑拾萃

喜 雪

（唐）李世民

碧昏朝合雾，丹卷暝韬霞。

结叶繁云色，凝琼遍雪华。

光楼皎若粉，映幕集疑沙。

泛柳飞飞絮，妆梅片片花。

照璧台圆月，飘珠箔穿露。

瑶洁短长阶，玉丛高下树。

映桐珪累白，萦峰莲抱素。

断续气将沉，徘徊岁云暮。

怀珍愧隐德，表瑞仁丰年。

蕊间飞禁苑，鹤处舞伊川。

傥咏幽兰曲，同欢黄竹篇。

张希崇温文有礼

◎真者，精诚之至也。不精不诚，不能动人。——《庄子·渔父》

> 张希崇（888—939），字德峰。幽州蓟县人。后唐庄宗朝累迁蕃汉都提举使。天成初，契丹命为平州节度使，后逃归，授汝州防御使，迁灵州两使留后，改邠州节度使。晋祖入立，除灵武，卒年52岁。

张希崇一向质朴敦厚，尤其爱好读书，听政之余，手不释卷，不喜欢酒乐，不蓄养侍妾奴仆。不论严寒酷暑，都是衣帽整严。对儿女下辈，从未说过亵骂轻慢的话。侍奉母亲十分孝敬，每次母亲吃饭时必定站在一旁侍奉，等母亲吃完饭、洗手漱口后才退去，众人都非常赞美他的品行。

他性情虽然仁厚宽爱，但碰到奸恶之人则嫉之如仇。邠州郭氏夫妇有个义子，从小到大都是郭氏抚养，后因乖戾不受教导，被打发走了。郭氏夫妇相继去世后，他们的亲生儿子也已长大成人。

当时有人与郭氏义子私下约定，由他资助其打官司，怂恿其冒充郭氏亲生儿子以图分割郭氏财产。以前几任节度使都审理不清，于是成了疑案。张希崇任节度使时，看了状子，判道：

"父亲在时已离家，母亲死了也不到灵前。如果说仅仅只是养子辜负养父母20年的养育之恩；若说是亲生子，就犯了大逆不道之罪。如此种种，已非常有害于社会礼仪教化，怎还敢强词夺理来冒认遗产？郭氏财产全归其亲生子，告状的养子和那些与他结党作奸的人，一起交法官按律条定罪。"

◎故事感悟

张希崇生活中仁厚温雅，处理案件明察是非，其人其事都令人赞赏。

◎文苑拾萃

旧五代史·晋书·张希崇传中判词

颇为伤害名教，安敢理认田园！

其生涯并付亲子，所讼人与朋奸者，委法官以律定刑。

张孝基还财

◎富贵浮云世态新。——元好问

> 张孝基（生卒年不详），宋朝人，以温厚善良而著称。

宋代时期，许昌有一个名叫张孝基的读书人，娶了同乡富人的女儿为妻。富人还有一个儿子，却是个不学无术的家伙，整天游手好闲，还经常惹是生非，是个典型的不孝子，被富人赶出了家门。

不久，富人得了重病。在临终时，他将家财全部托付给女婿张孝基。富人死后，张孝基像亲生儿子一样为富人操办了后事。

再说那个浪荡子，在被赶出家门后，四处流浪，又没什么谋生的本事，最后做了叫花子行乞。

有一次，他在行乞时碰巧遇到了张孝基。张孝基见他的落魄样子，于心不忍，就问他：

"你愿意在菜园浇肥吗？"

富人儿子久经磨难，早已经不是当年的花花公子了，也老老实实地回答说："可以的，可以的，再说不会我可以学的啊！"

于是，张孝基就把他带到菜园，让他在那里做些浇肥浇水的工作。富人的儿子也确实有心改过，每件事都做得踏实细致。

过了一段，张孝基看到了他的变化，又问他：

"你愿意管账吗？"

富人儿子回答说："我会做好的，我也会认真学习的！"

于是，张孝基又把他带到账房，让他管账。富人的儿子兢兢业业，没有犯过过错。

从此，这个曾被赶出家门的富家子变得越来越敦厚老实，也越来越勤恳正直。张孝基慢慢地观察他，知道了他一定能够改过自新，不再故态复萌，就把他父亲所托付的财产全部归还给了他。而富人的儿子也洗心革面，勤俭持家，成为乡里为人称道的好人。

◎故事感悟

富人因儿子不孝而将家产全部给了女婿，希望他能保住自己的一份财产。而张孝基见富人的儿子有了悔改之心，便屡次扶植，最后又将家产如数还回，实在是个温厚仁义之人。

◎文苑拾萃

《醒世恒言》

《醒世恒言》是我国明末清初作家冯梦龙的白话小说集，初版于明天启七年（1627年），与《喻世明言》、《警世通言》并称为"三言"。后来明代凌濛初在"三言"的直接影响下又写出两部短篇小说集：《初刻拍案惊奇》、《二刻拍案惊奇》，称为"二拍"。"三言两拍"是中国古代成就最大的两个白话短篇小说集。

《醒世恒言》共分40章（称卷），每一章为一个短篇的小说。其编纂年代晚于《喻世明言》、《警世通言》。《醒世恒言》中所收录的大部分是明代作品，多取材于现实生活以及民间传说，内容涉及官员昏庸、城市手工业者的生活、婚姻、爱情等。

魏敬益还田于民

◎两心不可以得一人，一心可得百人。——《淮南子·缪称训》

魏敬益(生卒年不详)，字士友，元朝洛阳(今河南洛阳)人。官至临江总管。古隶学庐江太守碑，亦能篆。

元朝时期，有个名叫魏敬益的人，喜欢扶危济困，很讲义气。

魏敬益家中有良田1600亩，算得上是富足之家了。但是，当他看到周围的百姓生活困苦，心里十分过意不去，总想着怎么帮助这些百姓一下。

有一天，魏敬益对儿子说：

"我上次买了四庄村1000亩的田地，那些卖了田的老百姓就像丢了命根子一样，纵然宽松一时，但以后就没什么吃饭的了。都说'人不到穷时不卖田'，我看他们也实在是可怜，不如现在就把那些田地都归还给他们吧！你们只要勤俭持家，不胡作非为，剩下的那些地也足以养活你们了。"

儿子自然不理解父亲的胸怀。他说：

"我们买田给他们钱，双方自愿，卖田的人穷，我们能管得过来？"

无奈父亲胸怀远大，善心坚决，反复强调说：

"我们不能只顾自己，眼看着乡亲们忍饥挨饿，为父决定这么做，这是积德的大事。"最终，魏敬益说通了儿子，让儿子把四庄村的百姓都叫来，愧疚地对他们说：

"我买了你们的田，让你们耕无地、食无米，我看了实在于心不忍。现在，我把这些田地都如数地还给你们，请你们都拿回去吧！"

老百姓听了，几乎都不敢相信自己的耳朵，你看看我，我看看你，始终不敢相信眼前的这一幕是真的。

魏敬益见状，又郑重其事地说了一遍。这时老百姓才相信这是真的，一个个含着眼泪，感激不尽。

为了报答魏敬益，村民们推举了两位长者到县里报官，请求表彰魏善人的义举。县官得知后，也非常感动，马上让人整理事迹材料，上报给朝廷，希望朝廷能对魏敬益予以表彰。

丞相贺太平见到材料后，不禁赞叹说："世上竟有这样的好人，难得啊，应该表扬！"于是经朝廷批准，树为典型，广为宣扬。

魏敬益平时也经常帮助百姓，谁家的儿女如果到了婚龄却因贫困无钱而没法结婚，他就主动拿出钱来给他们操办婚礼，做法和礼节就像对待自己的孩子一样；谁家的老人生病或者孩子没饭吃，他也像对待自己的亲人那样对待他们。丞相贺太平由衷地称赞他道：

"如此博爱，当今世上再也不能找出第二个这样的人了！"

◎故事感悟

魏敬益温厚善良，对百姓爱如亲人，因此也赢得了百姓的敬重和后人的敬仰。他的这种精神很值得我们现代人学习。

◎文苑拾萃

古风·游黄华

（元）许衡

我生爱林泉，俗事常鞅掌。

十年苦烦剧，一念愈倾仰。

峰峦看画图，云烟入像想。

久成心上癖，欲忍不可强。

荷有敬斋公，恒以善相长。

携我游黄华，一洗尘虑爽。

行行叹奇绝，举目皆胜赏。

镜台竿百崦，瀑布落千丈。

石苔积重痕，溪风动幽乡。

使我躁竟息，使我心志广。

恍如梦中身，翱翔千古上。

回首声利场，谁能脱尘纲。

我老得仁心，动作皆可像。

还家拟邻居，求田冀接壤。

便许朴钝质，于此静中养。

汤圆和状元

◎吾日三省吾身。——曾子

清朝时期，有一个书生进京赶考。途中宿居，撞上了窃贼，所带银两都被洗劫一空。

第二天一早，书生只好到当铺当了一件长衫，得了少许碎银，草草吃了一顿早饭，然后急忙赶路。

不知不觉，走了两天路程，书生身上所有的银两都花光了，肚子饥肠辘辘，却无钱吃饭。

恰好时逢傍晚，书生遇到一位卖汤圆的老头儿正在兜揽生意。书生不自觉地凑了过去，但到了跟前，只能眼巴巴地看看，回身欲走。

卖汤圆的老头估计已猜出了书生无钱吃饭了，于是招呼说：

"小伙子，我看得出你是个读书人，我这有句上联，只要你能对出下联，这碗汤圆就白送你了！"

说着，老头盛了满满一大碗汤圆。书生已饿急，没等老头儿说出上联，就先把一大碗汤圆吃光了，然后说出自己这是要进京赶考，途中不慎，把银两丢了。

这时，卖汤圆老头说了几句同情的话，然后吟出上联："八刀分米粉。"

书生一听，知道这是一句拆字联，联语道出了的"粉"字与老头儿职业有关。他想了半天，没有对出下联，急得满头大汗，这时才后悔，不该饿急把老头汤圆吃了，想付钱还没有，这太丢人了。

卖汤圆的老头儿看出书生困窘的样子，说：

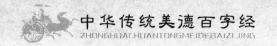
"一碗汤圆，你不必介意，等你金榜夺魁，回来再对这对联也不迟。"

书生是个很有心的人，听老头儿这么一说，更不好意思了，诚恳地说：

"老人家，多谢你一片好心，可是你看我，连你出的上联我都对不上，还谈什么金榜夺魁呢？我愿留下来给你做个帮手，什么时候对上，什么时候走人。"

老头儿知道离考期还有很多天，又见书生态度坚决，便把书生留了下来。

书生几乎一宿未睡，一直想对下联，但就是想不出。天快要亮时，书生听到远处寺院有钟声敲响，忽然来了灵感，对老头儿说：

"老人家，下联有了：千里重金钟（锺）。"

老头儿一听，非常高兴，连说：

"对得好，对得好！你千里迢迢进京赶考，不正是为了敲响金钟，金榜题名吗？"

书生上路时，老头儿还取出一包碎银送给书生，当作盘缠，书生千恩万谢走了。

后来，书生果然考中了头名状元，专程来此地看望了卖汤圆的老头儿。

◎故事感悟

书生彻夜未眠想对出此对，可见文人那种执著和倔强的求学姿态啊！而书生又从老人家那里悟到了真谛，且知恩图报，也是难能可贵的。

◎文苑拾萃

少年行

（清）黄景仁

男儿作健向沙场，自爱登台不望乡。

太白高高天尺五，宝刀明月共辉光。

温 · 温文尔雅

第二篇

文人雅事

"看门太守"的故事

◎不对芳春酒,还望青山郭。——谢朓

> 谢朓(464—499),字玄晖。陈郡阳夏(今河南太康县)人。南朝齐时,累官中书郎、尚书吏部郎,又曾做过宣城太守,所以人称"谢宣城"。他和谢灵运(385—433)是同族,因而又有"小谢"之称。东昏侯元年,由于受人诬陷,下狱死。他是"永明体"诗派的代表人物之一,写了很多山水诗,比较彻底地摆脱了玄言诗的影响,使山水诗在谢灵运之后得到了进一步的发展。著有《谢宣城集》。

宣城南门城门楼子,叫"谢公楼"。为什么呢?这里有段"看门太守"的故事。

南北朝时期,诗人谢朓在宣城担任太守。他热爱宣城的山水美丽,便把城门楼子加以扩大,来此观景、写诗,有时时间长了还舍不得离开,就在城门楼子开堂理事。于是,大家给他起个诨号叫"看门太守"。

谢朓是个看景不厌的诗人,也是个关心民瘼的太守,他一听这个绰号,便乐滋滋地点头说:"看门太守就看门太守呗!"

那时,宣州是露水集,每日清早,四镇八村的人纷纷前来赶集,有推车的,有肩挑的,有提篮的。谢朓在城门楼上,仰观敬亭山,遥看水阳江,俯视这熙熙攘攘的人群,一切都看得一清二楚。

有一天,也正是赶集时光,城门大道口上有一位老汉,年纪六十开外,花白胡须,脚上穿一双草鞋,担了一担青菜,急匆匆地向城里赶。他的身后,有一个骑驴的白面佬,也往城里赶。

当然，两条腿跑不过四条腿，一眨眼工夫骑驴的人就赶上了前面的老汉。那驴一见青嫩的菜，便把嘴伸到老汉的后挑贪婪地吃了一口。老汉忙于赶路，也未觉察，仍旧一个劲地往前走。

可是，那骑驴的好像没看见驴子吃老汉的菜一样。驴子放慢了脚步，他也不管；驴子吃了一口又一口，老汉换肩时才发觉，他没有吭声，就停下担子，想让驴儿先走。

哪知那驴吃得性起，竟把嘴伸进菜挑子吃，而且还净捡鲜嫩的吃，嘴在菜挑里乱拱，一拱，便把菜拱撒了一地。

老汉看骑驴的不管，就不愿意了，提着扁担挡住驴头说：

"先生，你这样做可太不厚道了，这不是拿穷人衣食饭碗开心嘛！"

那人还很蛮横，竖着眉，斜着眼，大言不惭地说：

"嘿嘿，这关我什么事？是驴子要吃的！你快闪开，别耽误了我进城。"

说罢，这人用手在驴屁股上一拍，驴子一迈步，往上一撞，老汉没防这一手，竟"扑通"一声被驴子撞了个仰脸朝天。

赶集的人见状，都很生气，拦住驴，拉起卖菜的老汉，说：

"我们上衙门去讲讲理，哪有这样霸道的人？！"

那骑驴的人跳下驴子，阴阳怪气地说：

"上衙门就上衙门，我还能怕你们不成？我现在就写状子！"

他欺负赶集的乡下老人大字不识一个，哪能立时就拿出状子呢？众人一听，都冷在一旁，不知如何是好了。

这时，忽听从城楼上传下话来：

"谢太守就在这里坐衙，不需要状纸。"

话音刚落，一声锣响，几个衙役拿着水火棍从城门洞里走出来，站立两旁。

这时，审案的桌子也推了过来。楼下的人都仰面向楼上看，只见谢朓正经八百地坐着，桌上放着州官大印。大家觉得很奇怪：太守在城门楼上升堂，还是"大姑娘坐花轿——头一回"咧！

顿时，看热闹的人把城门都堵塞了。

骑驴的人十分狡猾，他一看州官在楼上，便扑通一下跪倒，连连叩头说：

"太守，这刁民……"

"住嘴！"谢朓冷笑一声说："我在楼上已看了多时，现在案件已经是'小葱拌豆腐———青二白'的了。"

骑驴的人这时才晓得太守早就在楼上，既看了风景，又访察了民情，晓得抵赖不过去。可他眼一眨，又生了一个点子，说：

"既然大人都看得明明白白了，这全怪没有心数的畜生———驴———嘴馋，坏了乡下人的菜……"

"是嘛，把驴送到集上卖了，得的钱赔给卖菜的！"

"喳———"

一个衙役从那人手里夺过缰绳，牵着驴走了。

那人还哆嗦说：

"大人，小人的脚力怎么办？"

谢朓把惊堂木一拍，判道：

"大胆，驴吃菜，你不管，还赶驴撞倒老汉，肆意欺负乡民，可见平时你也是目无王法，横行乡里，着即责打十板，挂牌游街！"

衙役听令，随即把那人按倒打了十板，打得他哭爹喊娘。打完后，衙役又把他拉起来，一瘸一拐地去游街了。

◎故事感悟

谢朓是南北朝时著名的诗人，他在当太守时，公正廉明，惩治恶霸，而心向穷苦百姓，因此受到百姓的称赞。他的事迹也随着他的诗而代代传颂下去。

◎史海撷英

谢朓辞官谢世

谢朓的岳父王敬则任会稽太守。因为他是齐武帝的心腹猛将，开国大臣，所以萧鸾对他很不放心，加重兵以监视。王敬则怖惧万状，深感大祸临头。他的第五个儿子王幼隆派人与谢朓密谈。谢朓生怕自己被卷入，便扣住来人，径自告发。

王敬则被族灭后，谢朓因功升任尚书吏部郎，然而谢朓还是没有逃脱政治浊浪的裹挟。同年初秋，萧鸾死去，他的儿子、荒淫无度的东昏侯萧宝卷登位。

第二年，在始安王萧遥光，贵戚江祏、江祀、刘沨等合谋的又一起夺位阴谋中，因为谢朓拒绝了他们奉立萧遥光为帝的要求，终于受诬而死，时年36岁。

◎文苑拾萃

忝役湘州与宣城吏民别诗

（南北朝）谢朓

羽龄倦簪履，薄晚忝华奥。
闲沃尽地区，山泉谐所好。
幸遇昌化穆，惇俗罕惊暴。
四时从偃息，三省无侵冒。
下车遽暄席，纡服始黔灶。
荣辱未遑数，德礼何由导。
泪徂奉南岳，兼秩典邦号。
疲马方云驱，铅刀安可操。
遗惠良寂寞，恩灵亦匪报。
桂水日悠悠，结言幸相劳。
吐纳贻尔和，穷通勖所蹈。

王羲之流涎装睡

◎片片红梅落，纤纤绿草生。——陆游

王羲之（303—361），字逸少，号澹斋。原籍琅琊临沂（今属山东），后迁居山阴（今浙江绍兴）。中国东晋书法家，有书圣之称。为南迁琅琊王氏士族贵胄，后官拜右军将军，人称王右军。其书法师承卫夫人、钟繇。著有《兰亭集序》。

一代书圣王羲之是晋代时期著名的书法家，后世流传着许多关于他刻苦学书、才艺盖世的文人雅事。

王羲之在不满10岁的时候，由于聪明伶俐，很受大将军王敦的疼爱。王敦常常将他带到身边，到军营之中去。在那里，他玩累了就睡在军帐内。

有一天早晨，与大将军王敦同睡于军帐之中的王羲之还没起床，王敦就早已起身梳洗完毕，走出军帐。

过了一会儿，铠曹参军钱凤神神秘秘地走进门来，来到王敦的身边。钱凤是王敦心腹，这个时候来参见大将军，肯定是有要事商量。

王敦会意，立刻挥手支开了身旁的侍卫，独自与钱凤一起悄悄地商议起事情来。

原来，王敦这位手握军权、权倾一时的大将军此时已别蓄他志，图谋造反了。他此时与钱凤躲进室中私下商议的正是起兵谋反的事情。他们只当室中没有别人，完全忘记了那个深受大将军宠爱的孩童王羲之此时还正睡在营帐之中。

不一会儿，王羲之就醒过来了。他见身旁没有王敦的身影，就准备起来到外面看看。这时，他忽然听到室内有低低的说话声。

已习惯在军旅中生活的王羲之知道，此时不宜打扰他们议事。但出于好奇，他依然静静地躺在床上，听着室内的谈话。

王敦和钱凤低声商谈起兵谋反的事情被王羲之一字不漏地听到了，他大吃一惊。

虽然此时王羲之还是个不谙世事的孩子，但已从家庭环境的熏染及王敦、钱凤的神秘的谈话声中明白：这次起兵谋反、图谋不轨的事情实在是一件很重大、甚至牵涉到身家性命的事情，一点都不能泄露出去。此时，如果室内的两个人发现他们的谈话内容已被他人偷听，自己怎么还能有活路呢？

此时起床肯定是不行的，必然会引起二人的怀疑。可是不起床，就这么躺着行吗？如果他们发现自己的存在，自己依然会受到怀疑，这也可能难保活命。看来要想逃过这一关，保住性命，得想出来一个好办法才行。

王羲之急中生智。他立即悄悄地将手伸入口中，用手指使劲地抠动了几下喉舌，一股涎水便涌出口来。

然后，王羲之迅速地将口中吐出的涎水涂到嘴角、脸上及被褥上，假装出一副熟睡的样子，继续躺在被子里。

行色诡秘的王敦和钱凤也十分机警，依旧是边谈边注意观察着周围的动静。

"糟了，我们的谈话可能已经被人听到了！"事情讨论到一半，王敦突然想起王羲之还在帐中没起来呢！

"什么？有人？谁？"钱凤吓得大惊失色。

这时，王敦便将王羲之尚在帐中睡觉的情况简短地向钱凤耳语了几句，钱凤顿起杀机。

"大将军，这可是关乎身家性命的大事，泄了密我们谁都活不了！事已至此，我们必须除掉他灭口。"

"看来……只能这样了！"

二人商量完，迅速扑向了睡帐，一把掀开了帐子，准备杀掉王羲之。

只见王羲之正香甜地睡在那里，口中所流出来的涎水淌得到处都是。看来，他睡得正酣。

王、钱二人见状，不由地松了一口气。看来，这个孩子根本没听到二人的谈话。二人便退了回去。

王羲之以自己的聪明与智慧幸运地从刀下讨得了性命。后来，当人们听说王羲之的这段经历后，莫不称赞其富有智谋。

◎故事感悟

王羲之虽然年幼，但聪明过人，依靠自己的智慧躲过一劫，令人敬佩。

◎史海撷英

王羲之爱鹅

王羲之非常喜欢鹅。有一位道士养了十几只很漂亮的鹅，每天清早，王羲之都会乘着小船到那里去观看，心里很想得到这几只鹅。

他对多次请求道士将鹅卖给他，但道士就是不卖。王羲之百般劝说，道士还是不愿卖。后来见实在拗不过王羲之，就说：

"我生性爱好道书，早就想抄写河上公注的《老子》，书写用的白绢早就准备好了，但都没有人会写。假若您能亲自书写老子的《道》经和《德》经给我，我就把这群鹅送给你。"

王羲之听了，十分高兴，就在道士的家中停留了半日，为他写完了《道德经》，然后高高兴兴地把鹅用笼子装上带回来了，心中别提多美了！

◎文苑拾萃

王羲之书法的艺术特色

王羲之自幼就爱好书法。幼年时，他曾跟随姨母，著名的女书法家卫夫人学过书法。渡江后，他又学习了前辈书法大师李斯、曹喜、张芝、张昶、蔡邕、钟繇和梁鹄等人的书法。这也让他的书法融合各家所长，自成一家。再加上他的家族中擅长书法的人济济一堂，父辈王导、王旷、王异等都是书法高手。这些因素对王羲之的书法学习帮助是极为明显的。

王羲之对楷书、草书、行书等诸体书法造诣都很深。他的楷书势形巧密，开辟了一种新的境界；他的草书浓纤折中；他的行书遒劲。因此，人们都称他的字"飘若浮云，矫若惊龙"，"龙跳天门，虎卧凤阁"。

王羲之的书法特色是中和之美，书体自然、引人入胜。骨、筋、血、肉俱全，又有俊秀之美，博采众长创造了妍美的今体，因而史上对其有"书圣"之称。

王勃与《滕王阁序》

◎人生百年，犹如一瞬。——王勃

> 王勃（约649—676），字子安。绛州龙门（今山西河津）人。初唐时才华卓著的青年诗人。当他28岁时，在前往交趾探视父亲的路上渡海溺水，惊悸而死。他和杨炯、卢照邻、骆宾王并称为"初唐四杰"。他们的作品突破了齐、梁以来绮丽诗风的束缚，对开创唐代的诗风，有一定的贡献。王勃的诗格调清新，在五言律诗上曾起过促进作用。他的散文以《滕王阁序》为最有名，是一篇脍炙人口的佳作。

相传，位居"初唐四杰"之首的王勃，自幼聪明过人，刻苦学习；他博览群书，通晓典籍。七八岁时，文章就写得又快又好；十几岁时已经很有名气了。但他自恃才高，不巴结权贵，因此受到压抑，郁郁不得志。

28岁那年，王勃单身一人，千里迢迢地去看望他的被贬为交趾县令的父亲。他在九月重阳这天来到江西南昌（当时称为洪都）。他在这里时间不长，但却留下了一个美妙动人的故事。

原来九月九日这一天，恰好是洪都大都督阎伯屿女婿吴子章的生日。值此秋高气爽，佳节良辰，阎伯屿在临江傍水的滕王阁里大摆筵席，款待全城的达官显贵、文豪才子。他在一个多月前，就叫吴子章认真写好了一篇《滕王阁序》，以便在宴会上当众炫耀。

这天，王勃碰巧经过这里，只见车马盈门，宾客不绝，热闹非凡。他想进去看看，又觉得自己有些寒酸；无奈饥肠辘辘，筋疲力尽，犹豫再三，决定还是壮着胆子进去吃喝一顿再说。

　　于是，他稍整衣衫，随着其他宾客走了进去，在一个空位上坐下，却不料正坐在首席。大家看王勃少年老成，凛然正气，倒也有几分敬服。主人以为他是哪个王公贵胄的子弟，客人则估计他是阎家的什么贵戚，虽说对他坐在首席不甚乐意，但也都不便说什么。

　　酒过三巡，阎都督命人捧出文房四宝，当场命题《滕王阁序》，请来宾当场作文。客人们深知道他的用意，更何况他的女婿也确实是个才子，早在一月前就已写好背熟了。

　　因此，那些才气稍低的人认为在席上"抛砖引玉"不划算，几个和他女婿文才不相上下的人，觉得在此地和他比试高低也不适宜，于是都真真假假地推让吴子章来写。

　　这时，吴子章把纸笔捧给了王勃，一则是对首席贵宾表示尊敬，二是想戏弄他一下。万想不到，王勃竟毫不推辞，展纸握笔，略一沉思就写了起来。

　　这一下，可惊呆了吴子章，气煞了阎伯屿！阎都督退坐一边，命人执笔在旁看着王勃写一句就抄录一句，并读给他听，准备挑剔毛病，羞辱王勃。

　　开始，王勃写的也不算新奇，渐渐便得心应手了，他旁征博引，文采横溢，看的人都面现惊讶赞赏的神色，唯有阎都督冷若冰霜，默不作声。

　　可是，当他见王勃运笔如神，文思泉涌，佳言妙语，滚滚而来时，逐渐有些沉不住气了。当他听到王勃吟诵出"……落霞与孤鹜齐飞，秋水共长天一色……"的警句时，禁不住长叹了一口气："妙句！天才啊！"吴子章在一旁更是自愧不如。

　　王勃这时兴会淋漓，不可遏止，一直写了下去，最后还附写了一首长律作为结束。这时，不知谁说了一句"真是人不可貌相，海水不可斗量！"

　　一时，宾主都对王勃推崇备至，争相敬酒，并请他多在此地逗留几天。但王勃归心似箭，匆匆告辞了。

　　谁知王勃离开几天以后，在渡海时落水淹死了。波浪推着他的尸体在海上漂流，老渔公看到，把他捞了起来，安葬在海滩上。

　　此后，每逢大海涨潮，浪涛拍岸时，总能听到坟里反反复复地朗诵着：

　　"落霞与孤鹜齐飞，秋水共长天一色。"

日子长了，人们听得多了，也就不觉得奇怪了。

一次，有位老人出海归来，因为没有捕到鱼，心里很烦闷，正巧又听到坟里在朗诵那两句，就忍不住地说：

"你这个读书人好不明理！你说'落霞孤鹜齐飞，秋水长天一色'就是了，干吗还非把'渔公'拉上去呢？"

只听坟内答道：

"噢，是呀！这样倒更精炼了，何必拉上'与'、'共'两字？真是多此一举！我实在不及渔人的才高呀！"

从此，坟内再也没有声音了。

◎故事感悟

岁月如流，王勃的坟墓尸骨早已渺无踪迹了！但是他那篇《滕王阁序》却脍炙人口，流传百世。

◎史海撷英

初唐四杰

王勃与杨炯、卢照邻、骆宾王以诗文齐名，并称"王杨卢骆"，亦称"初唐四杰"。

初唐四杰是中国文学史上一个非常著名的集团。作为一个集团，他们反对六朝以来颓废绮丽的风气，"思革其弊，用光志业"，致力于改革六朝文风，提出一些革新意见，开始把诗文从宫廷引向市井，从台阁移到江山和边塞，题材扩大了，风格也较清新刚健，对于革除齐梁余风、开创唐诗新气象，起了重要的作用。

经过"四杰"与同时代的人努力，"长风一振，众萌自偃，积年绮碎，一朝清廓"，以独具特色的文风，奠定了"四杰"在中国文学史上的地位。

◎文苑拾萃

采莲曲

（唐）王勃

采莲归，绿水芙蓉衣。

秋风起浪凫雁飞。

桂棹兰桡下长浦，罗裙玉腕轻摇橹。

叶屿花潭极望平，江讴越吹相思苦。

相思苦，佳期不可驻。

塞外征夫犹未还，江南采莲今已暮。

今已暮，采莲花。渠今那必尽娼家。

官道城南把桑叶，何如江上采莲花。

莲花复莲花，花叶何重叠。

叶翠本羞眉，花红强如颊。

佳人不在兹，怅望别离时。

牵花怜共蒂，折藕爱连丝。

故情无处所，新物从华滋。

不惜西津交佩解，还羞北海雁书迟。

采莲歌有节，采莲夜未歇。

正逢浩荡江上风，又值裴回江上月。

裴回莲浦夜相逢，吴姬越女何丰茸。

共问寒江千里外，征客关山更几重。

白崖书院与太白酒家

◎抽刀断水水更流，举杯消愁愁更愁。——李白

李白（701—762），字太白，号青莲居士，又号"谪仙人"。唐朝诗人。有"诗仙"、"诗侠"之称。祖籍陇西郡成纪县（今甘肃省平凉市静宁县南），出生于蜀郡绵州昌隆县（今四川省江油市青莲乡），另有说法称出生于西域碎叶（今吉尔吉斯斯坦托克马克）。有《李太白集》传世，代表作有《望庐山瀑布》、《行路难》、《蜀道难》、《将进酒》、《梁甫吟》、《早发白帝城》等多首。

李白少年的时候，在塾里读书。有一天，老师留下课业他觉得不太好做，很伤脑筋，不如回家玩一会儿！于是，他就背着老师，偷偷地回家了。

在回家的路上，他看见一位白发苍苍的老妈妈，手里拿着一根铁杵，正在一块大石头上来回地磨。李白觉得很奇怪，连忙走上前去向老妈妈问道：

"老妈妈，您磨这个干什么？"

老妈妈回答说：

"我想要把它磨成针啊！"

李白又问道：

"这样一根铁杵，得什么时候才能磨成针呢？"

老妈妈说：

"铁杵磨绣针，功到自然成。"

李白听了恍然大悟。第二天，他又到塾里读书去了。从那以后，他再也不旷课了。不论老师给留下多少课业，他总是认真地按时完成。正是由于他

勤奋学习，刻苦钻研，后来才成了一位著名的诗人。

唐朝开元十一年间，年轻的李白在蜀中已经相当有名了，他的渊博学识赢得了许多人的尊敬。但他并没有满足，经常外出寻师访友，游览名山胜地，观察大自然的美丽景色，来开阔眼界，丰富知识，提高艺术素养。

这年刚立春不久，李白带着书童，身佩宝剑，从绵州来到万县。

一住下，李白就向人们打听：这里谁的学问高，谁藏的书多等情况，并不辞路远，常常去拜访一些饱学之士。李白怀着谦虚求知的心情，从一些有学问的人们那里学到了不少东西，也得到了不少罕见的书籍。

李白得到书后，如获至宝，拿回客栈如饥似渴地学习，经常读到很晚。尽管这样，他还是不满足，认为住在客栈里，往来客人较多，影响他的学习，很想找一个安静的环境用心读书。

一天，李白散步来到一座山下，看见山的四周都是陡壁，只有一条能过一人的石梯，斜着向山顶伸去。李白看了一会儿，就试着用手扶着石壁，慢慢地向上爬去……李白听书童在下面喊他：

"相公，快下来，危险！"

李白往下一望，不看则罢，一看只觉心头发慌，两脚无力……

回到客栈后，李白一夜不能入睡，隔壁间又不时地传出一两声吵骂。李白想，这里如此不安静，怎能安心学习呢？那山上路很难走，必定没有多少人上去。如果能在上面找一个适当的地方学习，那真是太好了！

第二天一早，李白又来到山下，决心一定要上去。当他将要上到山顶时，看见有一块平台，他端详了一会儿，非常满意：要是在这里结庐读书，连上下的游山行人都不会影响的。

李白就叫书童请人在这半山腰上搭起草庐，然后把所有书籍、行李都搬到这里，专心致意，认真攻读……

通过一段时间的刻苦学习，李白读完了所带的书籍，知识更加渊博了。这时，天也开始转凉了，李白因离家日久，便想归去。于是，就下山来，辞别了老师、朋友，离开万县回家去了。

后来，当地人们为了纪念李白这位伟大的诗人和他那种刻苦自学的精神，就把这座山改名为"太白崖",并在山下建立了一所书院,取名"白崖书院",老师们经常用李白刻苦勤学的精神鼓励学生们努力学习。

有一年,冬天刚到,寒气袭人,住在采石矶的李白,常到街头的一家酒店里沽酒。这店是一个姓鲁的财主家开的,人们都叫他鲁老板。

这天,李白又走进店堂,躺在椅子上的鲁老板捋着胡子,眯着眼,笑吟吟地打量着李白。心想,这个穷写诗的离开京都几年了,带来的钱兴许花得差不多了。

他站起身,踱到李白身后,弦外有音地说:

"小店屋檐太低,酒池太浅,经不住翰林这样的大酒壶啊!"

李白不愿同他争辩,就从怀里取出最后一锭银子往柜台上一掷,鲁老板满面乌云立时消散,浮出一片笑容:

"有眼不识江底浅,没想到李翰林还有这么大酒钱。"

他转身吩咐酒保:"快,找大人钱!"

第二天黄昏,李白又来了,酒保又为他满满灌上一壶酒。第三天、第四天,李白天天一趟,鲁老板不耐烦了,他算算李白丢下的银子再有个把月也差不多了,就用花言巧语支开酒保,偷偷地往李白酒壶里兑水。

李白喝了几口,觉得味道不浓,也没说什么。以后每次来,鲁老板总装得特别热情,暗地里却把水多加一倍。一天又一天,李白若无其事,后来鲁老板干脆给李白灌上满满一壶凉水。

李白拎起酒壶往杯子里倒,一闻,味道不对,喝一口,才知是又浊又浑的江水。他气坏了,想找店主论理去。又一想,和这种人没讲头!

更深夜静,他翻来覆去睡不着,想写点诗,又写不出。多年了,酒和他结下了不解之缘,一壶下肚,他便暂时忘记愁苦把雾蒙蒙的世界,看个清清楚楚。

可如今,连唯一能使他解闷的酒都没有了!"李白斗酒诗百篇",没有酒,就写不出诗。

白天,李白在江岸徘徊,在山崖上攀登,累得气喘吁吁,头昏目眩。他尝试,能不能从极度的疲倦中产生一种朦胧的醉意。

路过一间茅舍，一位两鬓全白的老人家朝李白点头微笑，热情地请他到屋里坐。一进门，老人朝李白纳头便拜，"感谢救命大恩人！"

李白呆立着，不知是怎么回事。老汉含泪诉说道：

"我姓纪，老家幽州。那年遭灾荒，我和老伴带着孩子上山剥树皮，忽然两只吊睛白额大虎扑上来，把我那老伴吃了，我和孩子吓得魂不附体。多亏先生您正好漫游到那里，飞起一箭，一连射死了两虎，我父子俩才死里逃生。"

李白听了恍然大悟，连忙扶起老汉说：

"这算不了什么，算不了什么。"

老汉说：

"多少年来，为了报恩，我暗地跟着你，除了你在京都时，我进不了皇宫外，从金陵到庐州，从宣城到采石，我一直生活在你身边，捕鱼，打柴。"

李白听了，热泪盈眶，一把拉住老人的手，摇晃着，亲切地问：

"孩子哩？"

老人顺手一指：

"喏，在酒店里帮工。"

李白正想把鲁老板以水当酒的事对老人说，老人打断了他：

"我已听孩子讲啦，那号人什么事干不出来？！"

说罢，从屋里抱出一大坛子酒，说：

"来，仙人，敞开怀大饮吧！"老人又拍拍胸，"往后，你喝的酒，全由我这老头子包啦！"

李白乐得不知如何是好，憋了多天的酒瘾，一下子全冲了出来。他等不得老人拿菜，就端起杯来一饮而尽。他眯着醉眼，跌跌撞撞地跑到门外"联璧台"上，叫人拿笔，老人知道李白诗兴大发，赶快递上准备好的笔墨纸张，遥望滚滚的大江，如血的落日，李白吟哦了一会，提起笔，一挥而就：

天门中断楚江开，碧水东流至此回。

两岸青山相对出，孤帆一片日边来。

从那时起，这间普通的茅屋就热闹起来了。过路的、打柴的、捕鱼的，都想进来看看墙上的诗，有的抄，有的背，一传十、十传百。

从此，"太白酒家"的店号就亮了出来。

俗话说，"同行是冤家"。那个鲁老板听说姓纪的白发老头酿酒手艺高超，生意兴隆，感到非常不快。但左思右想，他也想不出什么好办法，只得叫家人捧着几两银子，外带两坛美酒，亲自到江边去拜访李白，目的是想请他写一首诗，为自己撑撑门面。

李白一眼就看出了这位鲁老板的来意，冲他摆摆手。

"你家的酒池太浅，经不住我一口喝啊！"

说罢把手一扬，叫船翁开船，竹篙一点，小船轻轻离开江岸，朝江心驶去。

不久，鲁家酒店关门了，而纪老汉的"太白酒家"生意却一天旺似一天。

一年后，老汉不幸病故，李白悲痛欲绝，把酒洒进长江，整整哭了三天三夜，并且写下一首悼念老汉的诗：

> 纪叟黄泉里，还应酿老春。
>
> 夜台无晓日，沽酒与何人？

可见，李白与酿酒老汉情谊多么深厚！

◎故事感悟

千百年来，沿江一带许多大大小小的酒店总以"太白酒家"、"太白遗风"作为店号，用布写好，挑在门前廊下，以此来招揽顾客。

◎史海撷英

李白落魄的晚年

唐朝安史之乱爆发以后，756年12月，李白为了平复叛乱，曾应邀作为永王李璘的幕僚。后来，永王触怒唐肃宗被杀，李白也因此获罪入狱。幸有郭子仪极力保举，才被免于一死，改为流徙夜郎（今贵州桐梓一带）。在途经巫山时，李白遇赦，此时他已经59岁了。

晚年时期，李白漂泊在江南一带。61岁时，他听说太尉李光弼率领大军讨伐安史叛军，于是北上准备追随李光弼从军杀敌，但中途因病折回。

第二年，李白投奔了他的族叔、当时的当涂（今属安徽省马鞍山）县令李阳冰。同年11月，李白病逝于寓所，终年61岁，葬当涂龙山。

唐宪宗元和十二年（817），宣歙池观察使范传正根据李白生前"志在青山"的遗愿，将其遗骨迁至当涂青山。

关于李白的死，历史上有多种说法。

李阳冰在《草堂集序》中称李白是病死的。皮日休曾做《李翰林诗》云："竟遭腐胁疾，醉魂归八极。"指出李白是患"腐胁疾"而死的。

《旧唐书》中记载，李白在流放时虽然遇赦，但因途中饮酒过度，醉死于宣城。《新唐书》记载，唐代宗继位后，以左拾遗召李白，但李白已过世。

还有传说称李白在舟中赏月时，因下水捞月而死。由于这个传说，后人将李白奉为诸"水仙王"之一，认为李白在另一个世界也可以庇佑船员、渔民及水上贸易商旅等。

◎文苑拾萃

关山月

（唐）李白

明月出天山，苍茫云海间。

长风几万里，吹度玉门关。

汉下白登道，胡窥青海湾。

由来征战地，不见有人还。

戍客望边邑，思归多苦颜。

高楼当此夜，叹息未应闲。

李白与汪伦的情谊

◎浮云游子意，落日故人情。——李白

汪伦（生卒年不详），又名凤林。唐开元间任泾县令。卸任后，居泾县桃花潭畔。天宝元年（742年）至宝应元年（762年），李白曾多次来安徽当涂、宣城、泾县、秋浦、南陵等地，并游历泾县桃花潭，他以美酒待客。临别时，李白作《赠汪伦》诗，道："桃花潭水深千尺，不及汪伦送我情。"

唐朝时候，在桃花潭边，住着一个出身贫寒的青年人，名叫汪伦。

汪伦家贫读不起书，但很爱听诗书。每次到田里干活，经过村头的私塾，见老先生讲诗书时，总要悄悄地在窗边听一会儿。当时，诗人李白已名扬天下，汪伦很喜爱他的诗。他常常想：要是我能亲眼见到李先生一面，那该多么荣幸啊！

这年春天，李白从宣城的敬亭山下来到泾县城边的水西。当时，水西是泾县的风景胜地：翠竹亭亭掩古塔，泉水潺潺绕寺前。李白很喜欢这个地方，在此玩赏数日，作了不少诗，还是恋恋不想离开。

李白来水西的消息，被汪伦知道了。他非常高兴，驾一叶小舟，顺着青弋江的碧波来到了水西。上岸后，汪伦一眼就看到一个风流儒雅的文士正站在古寺前观赏烟霞，浏览风光。

从旁边一个游客口中汪伦得知，这人就是李白。他欣喜地走上前去，倒身就拜：

"先生，久仰了！"

李白吃了一惊，定睛一看，原来是个布衣打扮、素不相识的俊俏后生，他眨眨眼睛想了想说：

"年轻人，你找错人了吧？"

"没有，"汪伦恭敬地说，"我找的就是您，李青莲先生。"

"哦，找我有什么事？"李白含笑问道，他觉得这青年人很有趣。

汪伦又打了一躬，说：

"我叫汪伦。听说先生喜欢饮酒吟诗，今特来奉告，有一个好去处，不知先生可愿前往？"

李白一听，正中下怀，急忙问道：

"在什么地方？快告诉我。"

汪伦指着闪闪发光的青弋江，说：

"在这条江的上游，我就住在那里。那里有一个桃花潭，岸上有十里桃花，万家酒店。"

"真的？"李白到泾县数日，还不曾听说有这么个好地方，于是他怀疑地问道："果真有'十里桃花，万家酒店'？"

"千真万确。"汪伦点点头，"不知先生可想去游一游？"

李自从汪伦诚实的目光中看出，这个青年人没有撒谎，于是欣然应道：

"去，我一定去！"

"那好。先生，请上船吧。"

就这样，青弋江的流水，把李白送到了桃花潭边。

当时，桃花潭边还是十分荒凉的。二人弃船上岸，李白抬头看去，哪里有什么"十里桃花，万家酒店"？！但见潭水悠悠，野渡舟横。岸上只有一树桃花，孤零零地开着。桃花树边，有一个茅店，门前屋檐下，一根细竹竿斜挑着一面杏黄色的酒旗，在春风中"哗啦啦"地飘舞。

李白万没想到这就是汪伦所说的桃花潭。正想找他问个明白，汪伦却含笑不语，拉他进了小酒店，拣了个座位坐下，向店家要了一壶陈窖老酒，几碟山鲜野味。

这时，汪伦才举起酒杯对李白说：

"先生，山野荒村，无甚招待，千万莫要见怪。"

李白也端起酒杯，呷了一口，疑惑地问：

"这就是你说的桃花潭？"

汪伦笑道：

"是啊，这就是桃花潭。"

"你骗了我，"李白放下酒杯不悦地站了起来，说，"这哪里有什么'十里桃花，万家酒店'？"

"有啊。"汪伦依然微笑道，"我们刚才经过的地方，叫十里边山，这小店门前的那棵桃花，不是'十里桃花'吗？"

"那'万家酒店'呢？"李白又问道。

"先生，你看。"汪伦指着窗外那面迎风飞舞的酒旗说，"喏，那不写得清清楚楚。"

李白朝那酒旗瞅了一眼，上面果真写了"万家酒店"四个大字——原来酒店主人姓万。

李白这才恍然大悟，他连连点头，"原来如此！"

汪伦这才把心里话说出来：

"先生，我是个山野鲁莽之人，平时很喜欢你的诗，也很想见你一面。这次听说你到了水西，一心想请先生到寒舍作客，又怕先生嫌我们家贫，不肯光临，因此想了这个主意。晚生该死，欺骗了先生，请先生宽恕！"说罢，纳头便拜。

李白顿时被汪伦的一片诚心实意感动了，他双手扶起汪伦，深情地说：

"你要早说明，我也会来的。我很喜欢你，我们交个朋友吧。"

汪伦没想到这位闻名天下的大诗人会同自己这样一个布衣平民交朋友，他激动地拉住李白的手，热泪盈眶。

就这样，李白在桃花潭边住了十多日，受到汪伦和村人的热情款待。李白临走那天，汪伦恋恋不舍，唱着山歌为他送行。李白很感动，诗兴大发，口占一首绝句《赠汪伦》：

李白乘舟将欲行，忽闻岸上踏歌声。

桃花潭水深千尺，不及汪伦送我情。

李白的船远了，他回过头来，看见汪伦还站在岸边，朝他不住地挥手……

◎故事感悟

文人之间的友谊很深刻，深刻得如此感人……是啊，那潺潺流淌的桃花潭，也见证了李白与汪伦的深厚友谊！

◎文苑拾萃

古朗月行

（唐）李白

小时不识月，呼作白玉盘。

又疑瑶台镜，飞在白云端。

仙人垂两足，桂树何团团。

白兔捣药成，问言与谁餐。

蟾蜍蚀圆影，大明夜已残。

羿昔落九乌，天人清且安。

阴精此沦惑，去去不足观。

忧来其如何，凄怆摧心肝。

"诗圣"杜甫雅事

◎会当凌绝顶，一览众山小。——杜甫

杜甫（712—770），河南巩县（今巩义市）人。字子美，自号少陵野老、杜少陵、杜工部等。盛唐大诗人，世称"诗圣"。代表作"三吏"（《新安吏》、《石壕吏》、《潼关吏》）、"三别"（《新婚别》、《垂老别》、《无家别》）。初唐诗人杜审言之孙。唐肃宗时，官左拾遗。后入蜀，友人严武推荐他做剑南节度府参谋，加检校工部员外郎。他忧国忧民，人格高尚，一生写诗1500多首，诗艺精湛，被后世尊称为"诗圣"。

杜甫是唐代著名的大诗人。唐开元后期，举进士不第，漫游各地。天宝年间，他在洛阳与李白相识。安禄山陷长安时，杜甫逃至凤翔，任左拾遗。

长安收复后，杜甫不久弃官，居住在秦州。后来又移居到成都，在成都浣花溪上建立一所草堂。

大历三年（768年）的早春，杨柳泛绿，新竹吐翠。沙头镇大街上新开设了一间名为"百草堂"的中药店，门首贴着一副独出心裁的对联：

独活灵芝草，当归何首乌。

这所药铺的主人就是年已50多岁的诗圣杜甫。他刚从四川夔州东下，来到沙头镇定居下来。

刚来时，杜甫的生活十分穷困，虽有亲友接济，但也不是长久之计。于是，他就以卖药为业，聊度岁月。

药铺开张后，货真价实，童叟无欺，实在无钱付还药费的也会免费赠送。因此，百姓都纷纷称赞，药铺的生意也不错。

杜甫药铺的生意一好，其他几家药铺的生意自然就差一些。这几家老板暗恨杜甫这个"外来户"抢了他们的生意，于是串通起来，用金钱收买了卫伯玉衙门里一个书吏，让他陷害杜甫。这家伙刚刚在赌场输得精光，正好有人送财上门，自然满口应承。

这天，书吏来到荆南节度使卫伯玉面前说，杜甫很瞧不起节度使，经常说节度使的坏话。卫伯玉一听，非常生气，决心整治一下这个老头儿。

于是，他就开了一副药单交给书吏，并交代说：

"你将这药单拿给杜老倌，要他照单发药。如有则罢，没有你就砸掉他的招牌，要他滚蛋！"

书吏连忙来到"百草堂"，将药单往柜台上一甩，大声说：

"这是卫大人急需的药，赶快照单发药。"

伙计接过药单一看都愣住了，原来是他们从未见过的四味药名：

"行运早，行运迟，正行运，不行运。"

有个老伙计对书吏赔笑问道：

"您老哥是请哪位高明郎中开的药方，怎么我们见都没有见过呢？……"

书吏不等伙计说完，开口就骂：

"你们开的是什么中药铺？快给我把杜老倌叫出来，要是配不齐卫大人要的药，我就砸掉你们的招牌！"

伙计们不敢怠慢，忙把此事告知杜甫。杜甫心里明白，这是卫伯玉故意刁难他。

及至看了药单，杜甫不禁微微一笑，雕虫小技，也来班门弄斧，未免太不自量了！他顺手抓好四味草药，来到柜台里。见了书吏，杜甫仍然以礼相待，拱手问道：

"这位大哥请了，不知你家大人有何见教？"

书吏目中无人，仍旧傲慢地答道：

"杜老倌，我们老爷要你照单发药，否则就要砸你的招牌！"

"哦！原来如此。"杜甫胸有成竹地说，"卫大人需要的药，小店应有尽有。"

杜甫不慌不忙地拿出四味药草，原来是一片萝卜干、一块生姜芽、一粒鲜李子和一颗干桃僵。

书吏一看傻了眼：

"这算是什么药？"

杜甫不慌不忙地回答说：

"萝卜干是'甘罗'之意。甘罗12岁就当了丞相，你说他是否'行运早'呢？"

"算是吧。"

"生姜芽是'姜子牙'之意。姜子牙83岁才遇到文王，是否'行运迟'呢？"

"是，是。"

"你再看这红皮李子，虽说酸不溜儿的，却正是目前市场上的俏货，可说是'正行运'吧！"

"啊！"

"这个是隔年的桃子，经过雪冻霜打的算不得鲜果，只能入药，所以只能说它'不行运'了。"

书吏听得无话可驳，只好气冲冲地回到卫府，将杜甫给的四味药草和一席话当面禀明。卫伯玉也自知理亏，可也想不出什么别的办法来对付杜甫。

还有一个故事，也是说杜甫的雅事的。

浣花溪畔，有杜甫居住过的草堂。一些史书中说，杜甫是在战乱中流落到这里的，但当地老百姓都说杜甫是因为写诗替老百姓说话触犯了皇上，被发配而来的。

杜甫在刚刚来到这里时，这里还是杂草丛生，怪石垒垒；没有鸡鸣鸟叫，只有一声接一声的猿猴哀啼。一棵大树下，有一间给他准备的低矮的茅草房。

走进草堂，四壁空空，杜甫长叹一声，坐在一个大树墩上发呆。他想起了失散的老妻、幼儿，不知现在流落在何方；想起连年的战乱，百姓遭殃，不知何年何月才能安居乐业。杜甫又饿又累，想着想着，竟迷迷糊糊地睡着了。

等他醒来后，发现自己的面前放着一碗黄澄澄的小米饭，还有一碟白生生的咸菜，发出一阵阵诱人的清香。真是天无绝人之路啊！

杜甫从来没见过这么香的饭菜，一阵狼吞虎咽，吃个精光。吃完后，他猛然想起：这饭菜是谁送来的呢？是遇到了老朋友吗？是遇到了好心的善人吗？这山野之地，哪里来的人呢？杜甫用筷子敲着碗边，连呼："怪事呀，怪事！"

谁知怪事真的发生了。只听一阵"吃吃"的笑声传来，杜甫定睛一看，门口站着一个年轻的姑娘，穿着白围裙，绣花袄，头上挽着青丝，两鬓插着山花，正掩着嘴笑。

杜甫连忙一揖：

"感谢仙姑活命之恩。"

"仙姑"一听，笑得更厉害了。

"安得广厦千万间，大庇天下寒士俱欢颜。"这时忽然有一个老头吟诵着杜甫的诗句出现在门口。

"杜老，你关心天下人，天下人也惦记着你呀！"接着便拥进来一大群人，他们手里都拿着锅、碗、瓢，勺等，一会儿就把杜甫的"家"布置好了。

原来，他们都是住在后边山坳里的老百姓。听说杜甫被贬到这里后，都纷纷来帮助他。

此后，杜甫跟着他们学春小米，到野外挖小蒜（那白生生的咸菜就是小蒜），上山用竹筒汲水。从此，杜甫衣破有人补，缺吃有人送，柴火有人砍，用水有人挑，再也不发愁了。

两年流放期满，杜甫要走了。他什么也没带，而是专门装了一袋小米，挖了一包小蒜带走。

杜甫回到京城后，皇上大吃一惊：两年的贬黜生活，杜甫反而白发转青，身子硬朗，脸放红光，哪里有半点饿相！

皇上呆了半晌才问道：

"爱卿，夔州穷乡僻壤，你吃的什么？"

"昆仑有灵芝，天宫有蟠桃，我吃的夔州特产，金米银虾菜。"

"啊！"皇上又是一惊，"我位居九五，富有天下，什么熊掌燕窝、龙肝凤髓，哪样没吃过？那金米银虾，爱卿——"

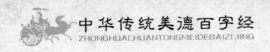
杜甫知道皇上的意思，徐徐说道：

"皇上如不嫌弃，明日屈驾寒舍，臣有金米银虾奉献。"

第二天，皇上驾临杜甫的家中，杜甫端出了一碗小米饭和一碟腌小蒜。皇上一看：金米饭，金灿灿，一粒粒，如金丹；银虾菜，白生生，一瓣瓣，白玉般。

皇上当然没吃过这些粗茶淡饭，尝一口金米饭，美味贯全身；品一瓣银虾菜，清香透泥丸，只觉得神清气爽。皇上再一看杜甫，龙行虎步，颇有神仙之风，不觉长叹一声：

"啊，爱卿，你身居山乡，天天仙品果腹，莫不是成了神仙？"

从此，人们都说杜甫是吃了金米银虾菜才成了"诗神"的。传来传去，人们又把他叫成了"诗圣"。

◎故事感悟

杜甫是历史上有名的"诗圣"，他创作的诗句大多都是同情劳动人民、鞭挞黑暗的封建社会的，但作为文人，他也有儒雅的一面，这也可为人所理解。以上是他戏弄权贵的故事，可见杜甫尔雅中透着机智。

◎史海撷英

"三吏三别"

"三吏"、"三别"分别是杜甫所著的《新安吏》、《石壕吏》、《潼关吏》和《新婚别》、《垂老别》、《无家别》，是杜甫现实主义诗歌的杰作。它真实地描写了特定环境下的县吏、关吏、老妇、老翁、新娘、征夫等人的思想、感情、行动、语言，生动地反映了那个时期的社会现实和广大劳动人民深重的灾难和痛苦，展示给人们一幕幕凄惨的人生悲剧。

在这些人生苦难的描述中，一方面，诗人对饱受苦难的人民寄予深深的同情，对官吏给于人民的奴役和迫害深恶痛绝；另一方面，他又拥护王朝的平乱战争，希望人民忍受苦难，与王朝合作平定叛乱。这种复杂、矛盾的思想是符合诗人忧国忧民的思想面貌的。

◎文苑拾萃

赠卫八处士

（唐）杜甫

人生不相见，动如参与商。

今夕复何夕，共此灯烛光。

少壮能几时，鬓发各已苍。

访旧半为鬼，惊呼热中肠。

焉知二十载，重上君子堂。

昔别君未婚，儿女忽成行。

怡然敬父执，问我来何方。

问答乃未已，驱儿罗酒浆。

夜雨剪春韭，新炊间黄粱。

主称会面难，一举累十觞。

十觞亦不醉，感子故意长。

明日隔山岳，世事两茫茫。

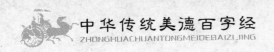

白公堤的由来

◎勿轻直折剑，犹胜曲全钩！——白居易

白居易（772—846），唐代大诗人，字乐天，晚年号香山居士。其祖先太原（今属山西）人，后迁居下邽。青年时期家境贫困，对社会生活及人民疾苦有较多的接触和了解。贞元间进士，授秘书省校书郎，任左拾遗和左赞善大夫，曾因故被贬为江州司马，后又历任杭州、苏州刺史，官至刑部尚书。在文学上，他主张"文章合为时而著，歌诗合为事而作"，是著名的"新乐府"的倡导者。早期的讽喻诗，有不少篇章能较广泛尖锐地揭发当时政治上的黑暗现实，也反映出人民的痛苦生活。他的诗语言通俗，相传老妪也能听懂。除讽喻诗外，长篇叙事诗《长恨歌》、《琵琶行》也很有名。著有《白氏长庆集》。

有一年，杭州大旱。西湖旁边的几千亩农田，地皮都干得裂开了口子，稻禾枯黄。老百姓天天到衙门里去请求大老爷：赶快放西湖水，救救农田。可是，那些官府大老爷只知整天在西湖上寻欢作乐，对老百姓的死活根本不理睬。

有一天，百姓们又纷纷赶到衙门，要求大老爷放西湖水。有的喊："青天大老爷，赶快放西湖水，救救我们的农田吧！"

有的喊："大老爷，再不放西湖水，我们百姓都活不下去啦！"

闹得这位大老爷睡也睡不安，吃也吃不香，只好亲自到衙门口，怒气冲冲地对百姓说：

"谁说要放西湖水？把西湖水放了，那湖里的鱼龙就没有地方栖息啦！"

这时，只见人群中走出一个长着五绺长须的老汉，不慌不忙地反问道：

"鱼龙与百姓的性命相比，哪一个要紧？"

大老爷一听，又气呼呼地说：

"把西湖水放了，那菱角就不能生长了！"

老汉又反问道：

"菱角与稻米相比，哪一种重要？"

大老爷一听，更加气急败坏：

"放了西湖水，对皇上洪福不利！"

其实，这位大老爷想说的是对自己的官运不利，怕说得太露骨了，触犯众怒，就把当今皇上抬了出来，吓唬老百姓。

老汉一听更生气了。他理直气壮地反问道：

"皇上与百姓相比，哪一个要紧？假如没有百姓种稻谷给他吃，做衣服给他穿，他还当得成皇帝吗？"

周围的百姓们听了大老爷的话，条条无理，早想大骂他一顿，现在听了这位老汉的话，驳得句句有力，都高兴得跳了起来，纷纷说：

"他说得对！他说得有理啊！"

大老爷浑身发抖，气急败坏地：

"你是哪一个？胆敢当众顶撞老爷，煽动百姓！"

老汉微微一笑，说：

"问我哪一个？我就是白居易！"

大老爷一听，原来这就是新上任的刺史白居易！这老头儿，当今皇上都怕他三分，不好硬顶，连忙打躬作揖地说：

"原来是新任的刺史白大人到啦！下官有失远迎，当面谢罪。请，请到衙内休息一下。"

老百姓听说这老汉就是白居易，有的还读过他关心百姓的诗篇，都纷纷说：

"白大人来做我们的父母官，我们的农田就有救了！"

果然，第二天，碧绿清澈的西湖水流进了附近的农田，干枯的稻禾都喝上了甘露。百姓们望着哗哗的湖水流进自己的农田，兴奋得不得了。

后来，白居易又访问了附近农家，在钱塘门外修了一条堤，造了一座石涵闸，把湖水贮存起来。他又恐怕后代的地方官不了解堤坝对人民的利害关系，亲自写了篇《钱塘湖石记》（当时西湖又叫钱塘湖）刻在石碑上，详细写明堤坝的用处，以及蓄水、放水和保护堤坝的方法等。

百姓都围拢过来观看这块石碑。当看到上面写着放一寸湖水能灌溉多少顷农田时，大家都为白居易深知百姓疾苦，精密设计了这个水利工程，感动得热泪滚滚。

大家纷纷议论，要为他向朝廷请功。白居易听到这个消息后急忙阻止，还沉痛地作了一首诗：

> 税重多贫户，农饥足旱田；
>
> 唯留一湖水，与汝救凶年。

在杭州担任刺史期间，白居易对这一湖水平时管理得很严格。

有一次，白居易从白沙堤上散步回来，看见有人从山上砍了两株树，背回来当柴烧。白居易就对那人说：

"山上的树砍光了，山泥就会流到西湖里去，积聚起来，那怎么行？罚你补种十株树！"

那人就只好到山上去补种了十株树。从此，再也没有人敢占湖造屋，上山砍树了。

可是，白居易的所作所为也得罪了那些鱼肉百姓的官吏们。他们把白居易看做眼中钉、肉中刺，偷偷把他写的《醉后狂言》等诗篇，加油添醋地送到皇帝面前告状。皇帝一看，这还了得，就把他贬到另外地方做官去了。

白居易要离开杭州了，杭州的老百姓心里很难过。他们打听好白居易上路的日子，纷纷提了酒壶，托了糕点，站在西湖边来送别。

百姓们在西湖边等啊等啊，没听到鸣锣喝道的声音，也没看到抬着满箱金银、满筐绸缎的行列，只见白居易从天竺山骑着马缓缓而来。后面两个佣人抬着两块天竺石跟随着，一路走来，一路与百姓们话别。百姓们跪着拦住白居易，许多人都哭了。

白居易看了，心中十分感动。当即在马上吟了一首诗，大意是说：我在杭州三年，惭愧没有什么功绩，只不过是脱不了诗人的习气，作了十多首诗歌，临走还带走了两块天竺山的石头，这怕也有伤清白吧！

白居易离开杭州后，杭州百姓一直亲切地呼他为"白舍人"。有的人画了他的像，供在家里；有的人把他的诗抄写了贴在墙上。白居易在西湖修的堤早已经没了，但是，千百年来，杭州人一直把原来的一条白沙堤称为"白公堤"，来纪念这位关心民苦的诗人！

◎故事感悟

白公堤的存在，见证了白居易这位爱国诗人在杭州关心民苦的点点滴滴，也见证了这位文人的博大胸怀！

◎史海撷英

白居易嗜酒

白居易的祖父白湟和父亲白季庚都是诗人，在这种家庭背景下，白居易自幼便饱读诗书，最终也成为一名诗人。但他和李白、杜甫一样，也嗜酒成性。

张文潜在《苕溪鱼隐丛话》中说：陶渊明虽然爱好喝酒，但因家境贫困，不能经常喝美酒，与他喝酒的都是打柴、捉鱼、耕田的乡下人，地点也在树林田野间；而白居易家酿美酒，每次喝酒时都必有丝竹伴奏，僮妓侍奉。与他喝酒的也都是社会上的名流，如裴度、刘禹锡等人。

在67岁时，白居易写了一篇《醉吟先生传》。这个醉吟先生，就是指的他自己。在《醉吟先生传》中说，有个叫醉吟先生的，不知道姓名、籍贯、官职，只知道他做了30年官，退居到洛城。他的居处有个池塘、竹竿、乔木、台榭、舟桥等。他爱好喝酒、吟诗、弹琴，与酒徒、诗友、琴侣一起游乐。

事实也是如此，洛阳城内外的寺庙、山丘、泉石，白居易都去漫游过。

◎文苑拾萃

读史五首

（唐）白居易

楚怀放灵均，国政亦荒淫。

彷徨未忍决，绕泽行悲吟。

汉文疑贾生，谪置湘之阴。

是时刑方措，此去难为心。

士生一代间，谁不有浮沉。

良时真可惜，乱世何足钦。

乃知汨罗恨，未抵长沙深。

祸患如棼丝，其来无端绪。

马迁下蚕室，嵇康就囹圄。

抱冤志气屈，忍耻形神沮。

当彼戮辱时，奋飞无翅羽。

商山有黄绮，颍川有巢许。

何不从之游，超然离网罟。

山林少羁鞅，世路多艰阻。

寄谢伐檀人，慎勿嗟穷处。

汉日大将军，少为乞食子。

秦时故列侯，老作锄瓜士。

春华何暐晔，园中发桃李。

秋风忽萧条，堂上生荆杞。

深谷变为岸，桑田成海水。

势去未须悲，时来何足喜。

寄言荣枯者，反复殊未已。

含沙射人影，虽病人不知。

巧言构人罪，至死人不疑。

掇蜂杀爱子，掩鼻戮宠姬。

弘恭陷萧望，赵高谋李斯。

阴德既必报，阴祸岂虚施。

人事虽可罔，天道终难欺。

明则有刑辟，幽则有神祇。

苟免勿私喜，鬼得而诛之。

季子憔悴时，妇见不下机。

买臣负薪日，妻亦弃如遗。

一朝黄金多，佩印衣锦归。

去妻不敢视，妇嫂强依依。

富贵家人重，贫贱妻子欺。

奈何贫富间，可移亲爱志？

遂使中人心，汲汲求富贵。

又令下人力，各竞锥刀利。

随分归舍来，一取妻孥意。

贾岛与望仙台

◎两句三年得，一吟双泪流。——贾岛

贾岛（779—843），字浪先（亦作阆先），范阳（今北京大兴）人，唐朝时期著名诗人。贾岛贫寒，曾做过和尚，法号无本。据说在洛阳时因当时有命令禁止和尚午后外出，贾岛作诗发牢骚，被韩愈发现其才华。后受教于韩愈，并还俗参加科举，但累举不中第。元和十四年（819年），韩愈抵潮州（今广东潮州），致信贾岛，贾岛作《寄韩潮州愈》诗给韩愈。长庆二年（822年）举进士，以"僻涩之才无所用"。唐文宗时期被排挤，贬做长江主簿。唐武宗会昌年初由普州司仓参军改任司户，未任病逝。《新唐书》将贾岛附名于《韩愈传》之后。

在安徽当涂县城东门口，有个偌大的土堆子，名叫"望仙台"。其实，它是诗人贾岛的墓，那又为什么称为"望仙台"呢？

贾岛是唐朝时期的一位著名的诗人，也是一个苦命的诗人。年轻时，贾岛应了几次考，结果都是失败。祖上留下的积蓄也花光了，生计困难，就削发为僧。贾岛半路出家，不忘作诗，经常逗留长安，吃饭行路都作诗，简直入迷了。

有一天，贾岛在街上行走，作了两句诗：

鸟宿池边树，僧推月下门。

可是想了想，又把"僧推"改作"僧敲"了。究竟是"推"字妥帖，还是"敲"字稳当？当下不能决定，于是一边走路，一边用手作"推"和"敲"的姿势，路上行人都感到惊讶。

当时，韩愈正担任京兆尹，恰值他的车驾外出。贾岛一门心思只顾"推敲"，不觉冲撞了韩愈的车驾。左右护卫过来捉住贾岛。贾岛据实说：

"回京兆尹大人的话，我正在吟诗，吟到'鸟宿池边树，僧推月下门'时，'推'、'敲'二字未定，集中精神揣摩，不知回避大人的车驾，请原谅！"

韩愈见贾岛诚恳，便大度地说：

"原来是这样，我不怪你。"

韩愈又思索一会儿，说：

"我看，还是'敲'字好！"

从此，贾岛就与韩愈经常谈诗论文，遂结为莫逆。在韩愈的影响和帮助下，贾岛竟还了俗！

贾岛作诗是"二句三年得，一吟双泪流"，做得不快，气魄也不大。在和韩愈的交往中，他读了李白的诗，佩服李白才气豪放，诗又多又好，十分崇敬李白，就暗暗下了决心，要到江南亲自为李白扫墓。但直到晚年丢官在家，他才有机缘来实现这一宿愿。

可是，贾岛这时已经60多岁了，他的儿子和侄女都加以阻拦。

贾岛做事就像作诗一样，不怕苦，不怕难，一立下志，就一定要实现。他知道自己家住北方范阳，路途不近。可他已琢磨好了，于是就对家人说：

儿不要阻，侄不要拦，为敬诗仙下江南，岛死无所憾。

儿不要忧，侄不用愁，一支拐杖路三千，谁要伴我是累赘。

家人见贾岛主意已定，无法更改，只得替他筹办行李盘缠。

贾岛看着家人忙得团团转，摆摆手说：

儿不要筹，侄不用办，带了行李压死驴，带了驴子累煞我。

这下可把儿子惹火了，大声说：

"爹，你这也不叫收拾，那也不叫准备，江南影子还未见到，你就怕要抛尸原野啦！"

贾岛品品味儿，还是不急不火地说：

"我会吟诗，还会点医道，走到哪，吟到哪；遇有病人，我就医治，还能冻着我，还能饿着我？"

家人听他这一说，才把心放到肚里，让他走了。

在路上，没有病人时，他就吟诗给人听；有病人时，他就替人治病，挣口饭吃。

按照乡俗来说，听唱的听了后，总要谢唱的。有的递茶食，有的奉了酒，有的还送银钱。众人都说：

"先生，你给我们吟唱，耽误了工夫呀，收下吧！"

可不管众人怎么说，不管大家送什么，贾岛都只是吃饱饭而已，既不装，也不带，一份礼物不收。他说：

"我要是图财爱物，可以不出来吟诗唱诗。"

于是向众人一拱手，重又踏上遥遥的路。

按照乡俗来说，病人好了，也总是要谢郎中的。可无论众人怎么说，不管大家送什么，贾岛还是一份礼物也不收。他说：

"我要是图财爱物，可以不出来看病。"

路是越走越少，可贾岛的年纪却越来越大。

又是春天，到处柳绿花红，莺飞燕舞，田野里人欢马叫。贾岛向路人打听道：

"这里，离江南还有多远？"

一个小伙子回答说：

"远啊，至少还有5000多里。"

贾岛听了，不急也不愁，说道：

"不远，不远。我有诗来会吟唱，我懂医道会瞧病；不怕刮风下雨日头晒，走到哪里吟到哪里，走到哪里瞧到哪里。怕什么呢？"

听了他吟诗后，众人送他。贾岛摆摆手说：

"宁舍一碗金，不舍一天春。别耽误你们大家的活，也别耽误了我的路程。请你们送我一头驴子，让我好上路。"

于是，贾岛骑上驴子又上路了。

风霜染白了他的头发，烈日给他的脸上增添了皱纹。终于，70岁高龄的贾岛来到了太平府。贾岛一高兴，就大声叫道：

"李谪仙，我明日就可以看到你的墓了。"

人们听说贾岛慕李白之名来探访李白的墓，在途中行了四年六个月，现已是白发苍苍，很多人佩服他的精神，赶到旅栈看他。可他已扶着竹杖，径直地向大青山走去，有些人也跟着追去。

贾岛走着、走着，忽然觉得两腿不听使唤，再也挪不动了。这时，人们围上来了。贾岛问道：

"离大青山还有多远？"

"还有10里！"

这时，贾岛头脑一嗡，把十里听成十步，叹了一口气说：

"多不争气呵，十步比万里还难走哇！"（后来，这地方便叫十步埠，一来二去叫白了，便成十里埠）

眼看着不行了，贾岛便吩咐周围的人们说：

"我本来想葬到大青山，伴着谪仙，好早晚向他讨教诗窍，谁知少一步都不行，何况还少十步，真是天不助我，就让我在这里望着他吧！"

说罢，闭目逝去。人们遵从他的吩咐，就把他葬在这里，把他的坟起个名字叫"望仙台"。所以当地人说："青山葬谪仙，背江立阆仙。"

◎故事感悟

贾岛为了自己的愿望而至死不渝，精神真是可贵啊！这也许才是文人的那种"倔强"吧！

◎史海撷英

贾岛早年出家

贾岛的家乡范阳曾是安禄山的老巢，安史之乱平定后，这里又长期为藩镇所

据，处于半隔绝状态。

　　贾岛出生于平民家庭，门第寒微，所以他早年行事率不可考。传说他30岁前曾数次应举，都不得志。失意之余，又迫于生计，只好栖身佛门为僧，取法名无本。

　　贫困的家庭景况，枯寂的禅房生活，养成贾岛孤僻冷漠而内向的性格，耽幽爱奇，淡于荣利，喜怒鲜形于色，世事颇少萦怀。但他仍酷爱吟诗，常常为构思佳句而忘乎所以，"虽行坐寝食，苦吟不辍"。贾岛也因此被视为唐代苦吟诗人的典型。

◎文苑拾萃

题长江

（唐）贾岛

言心俱好静，廨署落晖空。
归吏封宵钥，行蛇入古桐。
长江频雨后，明月众星中。
若任迁人去，西溪与剡通。

感 秋

（唐）贾岛

商气飒已来，岁华又虚掷。
朝云藏奇峰，暮雨洒疏滴。
几蜩嘿凉叶，数蛩思阴壁。
落日空馆中，归心远山碧。
昔人多秋感，今人何异昔。
四序驰百年，玄发坐成白。
喧喧徇声利，扰扰同辙迹。
傥无世上怀，去偃松下石。

李煜与澄心堂

◎剪不断，理还乱，是离愁，别是一般滋味在心头。——李煜

> 李煜（937—978），或称李后主，为南唐的末代君主，祖籍徐州。李煜原名从嘉，字重光，号钟山隐士、钟峰隐者、白莲居士、莲峰居士等。政治上毫无建树的李煜在南唐灭亡后被北宋俘虏，但却成为中国历史上首屈一指的词人，被誉为词中之帝，作品千古流传。

李煜是南唐后主，他生性快活，喜爱听唱歌、看跳舞、写诗词，就是没心思治理朝政。历史上称他为"不作皇帝作词人"的人。

有一天，李煜对宠臣说：

"我用的纸太差了，你给我找一点好的纸来用吧。"

一个宠臣立即答应说：

"这还不容易吗？这事请交给我吧！我一定办到。"

但这个宠臣不如李煜懂纸，他选的一些纸宫里早有了，李煜很不满意。

"该怎么办呢？"宠臣心想：我一定得让皇上满意才行。于是，他下令全国造纸工都来京开坊，由他来监督制造。他还从四川找来两个纸工，让他们用竹子造成竹纸，也叫藤纸。这种纸的色泽可以，只是太薄了。李煜看了摇摇头不悦，宠臣一怒之下，把两个四川纸工都杀了。

接着，他又从浙江南部找来两个纸工，他们造的是皮纸，韧度可以，但又太厚了。李煜看了还是头不满意。宠臣回来又把两个浙江纸工杀了。

然后，他又重新找纸工来造。造出的纸李煜还是不满意，宠臣又把纸工杀了。

一直到李煜迁都南京，这个宠臣都在为李煜造纸。但他杀掉造纸工的事却瞒着李煜，京城大人小孩都知道，就是敢怒而不敢言。

有一天，从宣城山涧里来了一个名叫白鹿的年轻人，到京城卖纸。旁人一见，就劝他说：

"小伙子，别卖纸了，这里的纸工差不多都被杀光了！"

"为什么？"

城里人把情况一说，白鹿心里十分愤恨。皇帝要制造好纸本无恶意，竟叫人杀了这么多纸工，实在太惨无人道了！我拼死也要见皇上，要为死去的同行报仇。

于是，白鹿径直跑到这个宠臣的家中，对他说：

"我能造出好纸，但要面见皇帝，听听皇上说个什么样子，我就能照皇帝讲的样子，不差分毫地造出来。"

宠臣一听，觉得白鹿说得有道理，就带着白鹿上了金銮殿。

白鹿见了李煜说：

"皇上，你说个纸样子吧。"

李煜说：

"这个纸要薄如竹纸，韧如皮纸，色如霜雪，寿如松柏。"

白鹿一听，连说：

"这很好办！但有一条，要纸的人必须诚心！"

李煜高兴了，说：

"我可谓诚心，多少年来，我就盼望着有好纸，可谓月月不忘，年年索纸！"

白鹿猛地跪倒，悲伤地说：

"皇上，恕我直言，你这不是'诚心'，是'凶星'！你这一索纸，可怜我们纸工就要人头落地了。"

李煜听了，几乎不相信自己的耳朵，忙向宠臣问道：

"真有这样的事吗？"

宠臣一向骄横惯了，毫不在乎地说：

"这些无用的、欺君的纸工，不杀留着有什么用呢？"

李煜说：

"你杀了多少人了？"

"您摇一次头，我就杀两个。"

李煜听罢，叹息道：

"妄杀这些生灵，当然造不出好纸。白鹿啊，你说得对，你回去吧，我不要好纸啦！"

那个作威作福惯了的宠臣心中不服，忙说：

"皇上，这白鹿是个刁民，他根本造不出好纸来，便花言巧语来哄骗皇上，万望皇上不要轻信，应当重重治他的罪才是。"

白鹿一听，立即转回身，双膝跪倒，说：

"皇上，小人绝无半句戏言。只要皇上诚心，您说的纸，我一定能造出来。"

李煜毕竟还是很爱纸的，便问：

"我怎样才能算是诚心呢？"

白鹿说：

"杀掉那残害纸工的官员，来偿赎以前的罪过。"

李煜本来就有点难受，这时就答应了，说：

"这个混账的东西，瞒着我残害纸工，是应该杀掉！"

斩了宠臣之后，李煜为了表示自己诚心，便书写了"诚心堂"三字，准备嵌在屋门上，让白鹿和纸工居住，以便他们制造好纸。

写好以后，再一看，又觉得"诚心堂"太实，迟迟没有交给白鹿，但一时又想不出好名堂来。

这时，白鹿为惨死的纸工报了仇，心里高兴，又奏道：

"皇上，扬州郡的宣城山涧里有很多纸坊，那里的童谣说：'江南溪水清见底，水边作纸明如水。'用那里的纸作底子，再吸取四川藤纸、浙南皮纸的优点，不就可以制成皇上所说的纸了吗？"

李煜一听大喜。特别是听到"江南溪水清见底，水边作纸明如水"，使他受到启发："清见底"、"明如水"，太好了！于是挥笔写下三个龙飞凤舞的大字"澄心堂"交给白鹿说：

"任凭你去办吧！"

于是，白鹿拿着"澄心堂"御批，带了四川、浙南的纸工又回到宣城泾县山中。在乌溪一带，他傍涧置坊，开工造纸，把竹纸、皮纸的特点也吸收到里面去，果然造出了李煜满意的纸：细薄柔韧，纹理纯净，白如霜雪，纸寿千年。于是，这种纸便叫"澄心堂纸"，也就是当时的宣纸。

◎故事感悟

南唐后主李煜能诗文、音乐、书画、尤以词著称，他是个多才多艺的皇帝。一般皇帝都为了一己私欲，不管百姓死活，故事中白鹿为几个惨死的造纸工报了仇，使奸臣得到重处，所以从心而论李煜能听从白鹿的建议也是难能可贵的。

◎史海撷英

李煜即位

959年，李弘冀杀死其叔父李景遂（李璟即位初曾表示要位终及弟），不久后暴卒。

李弘冀死后，李璟欲立李煜为太子，钟谟说：

"从嘉德轻志懦，又酷信释氏，非人主才。从善果敢凝重，宜为嗣。"

李璟怒，找了个借口把钟谟贬为国子司业，流放到饶州，封李煜为吴王、尚书令、知政事，令其住在东宫。

宋建隆二年（961年），李璟迁都南昌，立李煜为太子监国，令其留在金陵。六月李璟死，李煜在金陵登基即位。

◎文苑拾萃

浪淘沙

（南唐）李煜

往事只堪哀，对景难排。

秋风庭院藓侵阶。

一任珠帘闲不卷，终日谁来？

金锁已沉埋，壮气蒿莱。

晚凉天净月华开。

相得玉楼瑶殿影，空照秦淮。

吕蒙正的对联

◎玉皇若问人间事，乱世文章不值钱。——吕蒙正

吕蒙正（946—1011），字圣功。宋代河南洛阳人，名臣，曾三度拜相，赠中书令。有七子出仕：吕从简、吕惟简、吕承简、吕行简、吕务简、吕居简、吕知简。

北宋事情的丞相吕蒙正从小失去父母，家境相当贫苦，但因他年龄小，又无靠山，困难时每每求借无门，就连邻居、亲戚朋友也不肯帮助他，这让吕蒙正从小就对人世炎凉有了深刻的体会。

这一年，春节又到了，吕蒙正只听邻居家鞭炮齐鸣，欢度春节，可他身无分文，孤苦伶仃，无奈写了一副对联贴在门楣上：二三四五，六七八九。横批是：南北。

对联一贴出，左邻右舍都来观看。起初大家都不解其意，后来有个读书人看明白了，这对联的寓意是缺"衣"（一）少"食"（十），没有"东西"。

吕蒙正生活处境虽然困苦，但他仍坚持自学苦读，白天上山打柴，用柴换粮食；晚上点灯攻读，一心想读出个功名来。

有志者事竟成。后来，吕蒙正不但考中了进士，还被点了状元。

在吕蒙正发达升官以后，先前的邻居和亲朋好友们便都纷纷携礼前来探望巴结他。吕蒙正面对此情此景，往事历历在目，便先请众乡亲喝酒。

酒足饭饱之后，他又让众乡亲参观他的书房，一边走，一边说：

"晚生草就一联，现呈请诸位一阅。"

走进书房后，众乡亲迎面看到一副对联：

旧岁饥荒，柴米无依靠，走出十字街头，赊不得，借不得，许多旧亲外戚袖手旁观，无人雪中送炭；

今科侥幸，吃穿有指望，夺取五经魁首，姓亦扬，名亦扬，不论张三李四踵门庆贺，尽来锦上添花。

来客们看了对联，都惭愧得不敢正面看吕蒙正，一个个找借口灰溜溜地走了。

◎故事感悟

吕蒙的对联反映出了在封建社会中，人们多是锦上添花，有却无人雪中送炭。不仅道出了一个社会的精神面貌，也说明了底层劳动人民的生活悲惨，令人同情。

◎史海撷英

吕蒙正不曲意逢迎

吕蒙正在朝中担任宰相时，对待下属宽厚仁慈，并注重提拔奖掖后进之人。可对皇上，他却从不拍马逢迎。

有一年正月十五的晚上，宋太宗大宴群臣，并一起赏灯。在酒兴正浓的时候，宋太宗说：

"正当五代之际，天下生灵涂炭，哀鸿遍野，周太祖自邺城南归，无论是当官的还是老百姓，无不惨遭掳掠，城野大火漫燃，天上彗星划过，看者无不心惊肉跳，以为天下再无太平之日。朕自当政之后，日理万机，从不敢懈怠，常想天下百姓，以至才有今日之昌盛景象。由此来看，无论是大乱还是大治，无不是人之所为，并非是什么天意啊！"

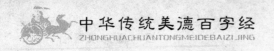
　　大臣们听后，纷纷赞美皇上英明，把太宗夸得得意忘形。这时，吕蒙正走到太宗面前说：

　　"皇上在此设宴，百姓莫不云集在此，放眼望去满城灯火辉煌，确实一片繁荣的景象。臣不久前曾到城外，离城不数里就看到有许多人面露饥色，甚至还看到一些因饥饿而死的人。由此可见，天下并不都像我们眼前所看到的这样啊。愿陛下不但看到眼前的繁荣，而且也能看到远处的正挨饿受冻的百姓，这才是天下苍生的幸事啊！"

　　太宗听到这话，一时黯然失色，群臣都不敢出声。过了好久，太宗才转怒为喜地说：

　　"我得蒙正如唐太宗之得魏征，倘若做臣子的都能这样时时提醒朕不忘以天下苍生为念，国家哪里还会不富强，百姓不舒心啊。"

◎文苑拾萃

《时运赋》节选

（宋）吕蒙正

　　时也，命也，运也！天有不测风云，人有旦夕祸福。

　　蜈蚣百足，行不及蛇。

　　灵鸡有翼，飞不如鸭。

　　马有千里之程，无人不能自往。

　　人有凌云之志，非运不能腾达。

　　文章盖世，孔子尚困于陈邦。武略超群，太公垂钓于渭水。

　　盗跖年长，不是善良之辈。颜回命短，实非凶恶之徒。

　　尧舜至圣，却生不肖之子。瞽叟顽呆，反生大圣之儿。

　　张良原是布衣，萧何称谓县吏。

　　晏子身无五尺，封为齐国首相。孔明卧居草庐，能作蜀汉军师。

　　韩信无缚鸡之力，封为汉朝大将。冯唐有安邦之志，到老半官无封。

李广有射虎之威，终身不第。

楚王虽雄，难免乌江自刎。汉王虽弱，却有江山万里。

满腹经纶，白发不第。

才疏学浅，少年登科。

有先富而后贫，有先贫而后富。

蛟龙未遇，潜身于鱼虾之间。

君子失时，拱手于小人之下。

天不得时，日月无光。

地不得时，草木不长。

水不得时，风浪不平。

人不得时，利运不通。

欧阳修文雅轶事

◎至哉天下乐，终日在书案。——欧阳修

> 欧阳修（1007—1072），字永叔，号醉翁、六一居士，谥文忠。北宋吉州庐陵（今属江西省永丰县）人。北宋儒学家、作家、官员，曾继包拯接任开封府尹，为唐宋八大家之一。欧阳修的散文、诗、词都有很高的成就，尤其是他的散文具有平易流畅、委曲婉转的独特风格，对后世影响很大。他的著作很多，现存有《欧阳忠公文集》共153卷。

宋朝的庆历七年（1047年），安徽滁州新换了一名太守。这个太守就是后来写《醉翁亭记》、自号"醉翁"的欧阳修。

欧阳修是带着满腹的愤恨来到滁州的。这年，欧阳修才刚刚40岁。他原在朝廷中做官，曾做到右丞相，只因他为人正直，敢于说话，经常对朝庭中奸邪之臣和不良现象直言抨击，结果得罪了左丞相夏舒等一伙邪党。

欧阳修有个外甥女，生得聪敏俊秀，常住在他的家中。夏舒便借故在皇帝面前告了他黑状，说他与这个外甥女私通，有苟且之事。

皇帝大怒，派人前去查证。这个左丞相夏舒又私下买通了查证的密使，终于给欧阳修定了罪状，贬出京城，当了一名州官。

欧阳修来到滁州以后，每想起这件冤屈之案，都感到愤愤不平。

这天，欧阳修上衙以后，批阅完几份公文，忽然又想起自己所受的打击，心中闷闷不乐，便信步走出屋外，好呼吸呼吸新鲜的空气，散散胸中的郁闷。

他站在屋外的台阶上，只见天气晴朗，万里无云，城外西南方向，琅琊山峦立天角，蔚然一片，不觉立刻游兴大发，心中想到：早听说这琅琊山风景秀丽，名列全国二十四大真山真水之中，为何不去游玩一趟呢？想到这里，他立即招呼左右，"备马上山。"

欧阳修一路来到琅琊山下，果然见山势峻峭，树木葱茏，泉流曲涧，水声淙淙；又见琅琊寺依山而立，寺院宽阔，殿宇宏伟，不禁赞叹：真是个好所在也！随即下马登山，直奔琅琊寺院。

这时，早有一个老和尚站在寺庙门口等候他了。和尚见了欧阳修，连忙施礼道：

"太守到此，僧家万幸，快请山堂一坐。"

欧阳修跟随老和尚走进一间禅堂，在一阵寒暄之后，才知道这老和尚名智仙，就是琅琊寺的住持大僧。欧阳修高兴万分，就和智仙和尚开怀叙谈起来。

当谈到当地的一些世事风情时，智仙和尚向欧阳修说：

"世事多曲折，处处皆一般，唯有山水之乐，最能陶人心情。太守这次虽然背负冤屈，来到山州草县，却有这山水做伴，依我看，也算是别有趣味。"

欧阳修听了，不觉一愣，连忙问道：

"大方丈，你怎么知道下官的心思？"

智仙和尚听问，朗声大笑道：

"太守素来正直，天下谁不知晓？想当年，你为了替范大人（范仲淹）打抱不平，写信痛骂朝廷谏官高若纳，真是忠心赤胆，闻者钦佩。以后你那篇有名的《朋党论》，文清理正，更是人人叹服，只有那些真正的朋党奸孽，才望文生畏，不得不想方设法报复你。僧家虽然身居空门，可耳目还是好好的，太守大人，你说对不对？"

智仙说得句句真情，欧阳修听了感慨万千，忍不住挽着智仙的手说：

"知我者，智仙也。"

智仙和尚也欣喜不已，一面和欧阳修继续叙谈，一面招呼禅厨，设宴款待，直到午后傍晚，方才分手。

从此，欧阳修和智仙和尚便成了知心好友。欧阳修更是迷恋于琅琊寺的山水，每当公事闲暇之时，都来登山入寺，饮酒畅谈，有时喝得酩酊大醉。

智仙和尚为了方便欧阳修游览休息，又在中途山道旁盖了一座亭子，供欧阳修路上歇息、饮酒。这就是后来远近闻名的"醉翁亭"。

有了这座亭子后，欧阳修游山的次数更多了，有时索性把公事也带到山上去办，醉翁亭就常常成为他办公的地方。

这天，欧阳修又去游山。智仙和尚听说欧阳修前来，忙着准备酒宴，等候欧阳修游山之后，好再尽兴欢饮。

谁知一直等到太阳偏西，欧阳修还没有来。智仙和尚想：肯定是在醉翁亭喝醉了。便连忙下山，赶到醉翁亭去看看。

智仙来到醉翁亭，老远就听里面一片喧闹之声，显然一场酒宴还未结束。他急步走近亭前，隔窗看去，只见欧阳修经常办公的那张桌子上，笔墨纸砚、文件案卷依然俱在，欧阳修却正在另一张桌子上，和几个老百姓在一块喝酒猜拳。

欧阳修喝得满脸通红，仿佛连那几缕稀疏的胡须都显出了红色。他一定是喝醉了！

智仙由不得一步跨进门去，上前施礼道：

"太守，你喝了多少酒，醉成这个样子？"

又向在座那几个人说："你们可别……"

智仙的话尚未说完，只听欧阳修哈哈大笑道：

"我哪里醉了！黎民之情能叫我醉，山水之美能叫我醉，酒是不能把我醉倒的。偶有醉时，那不过是因愤恨朝廷昏聩，奸臣当道，借酒消愁，或者自装糊涂罢了。"

随又自饮了一杯，接着又说：

"我曾经自说酒醉年高，朝廷中有人也巴望着我早点老死醉昏，其实，我何曾能满他们的意呢！"

说罢，手拈胡须，闭目沉吟，片刻之后，竟又念出一首诗道：

"四十未为老，醉翁偶题篇，醉中遗万物，岂复记吾年！……"

智仙听到这里，恍然大悟，嘴里喃喃念道：

"原来醉翁不醉啊！"

正在这时，酒宴桌上忽有一人站起。这人身穿半旧长衫，看样子是个教书先生。他站起来说：

"太守为官正直，性情潇洒，世人少见。今听太守吟诗，鄙人也吟得一首，现念出来向太守和诸位请教。"

随即念道：

"为政风流乐岁丰，每将公事了亭中。泉香鸟语还依旧，太守何人似醉翁！"

念罢，众人皆拍手称好。智仙和尚格外欣喜，连忙说：

"写得好！写得好！你快把它写下来，明天我把它刻在碑上，永志不忘。"

到现在，醉翁亭里还留有这首诗的碑记。

欧阳修在滁州当太守，常到琅琊山游山饮酒。"醉翁亭"建成以后，他每次上山，都要在醉翁亭歇脚，饮上几杯清茶。但见许多黎民百姓，却不饮清茶，只在醉翁亭前的酿泉里，舀上一瓢清净的泉水一饮而尽；或用双手捧上几捧，喝下肚去。

为什么老百姓都只喝泉水，不饮清茶呢？这事引起了欧阳修的注意。

这天，欧阳修又来到醉翁亭，见一个老汉正在喝那泉水，便停下问道：

"老人家，你喝这凉水，不觉得太凉吗？何不到亭中去喝盏热茶？"

那老汉抹了抹嘴角，笑笑答道：

"咱们老百姓哪有工夫和银钱去喝热茶？就喝这泉水又方便，又清凉痛快。"

欧阳修听了，不禁"啊"了一声，喃喃自语道："原来如此！"

欧阳修感慨万千，来到醉翁亭里，早已等在亭中的和尚，泡好了热茶，端了上来，说：

"请太守饮茶。"

欧阳修想着那老汉的话，摇摇头说：

"今天不喝茶了。"

转脸拿过一只茶盏，交给侍从，手指酿泉说：

"为我舀上一盏。"

侍从很不解，但却不敢违抗，只好走到酿泉边，舀了满满一盏回来。

欧阳修接过这盏泉水，捋捋胡须，一饮而尽，又品了品，连声说道：

"甘哉！美哉！真是清凉痛快！"又命令侍从："再来一盏。"

亭中和尚见欧阳修还要喝，连忙劝道：

"太守，泉水性寒，不宜多饮，还是喝热茶吧。"

欧阳修不以为然地笑笑说："不要紧的，老百姓不是都在那里喝吗？"

说话间，侍从又舀了一盏泉水来。欧阳修又喝完了一盏，方才收起盏子。

从此以后，欧阳修便经常改饮香茶为饮泉水。平时住在城里的衙内，也派侍从人员，专到酿泉，用罐子提回泉水饮用。

一天，他又叫侍从到酿泉去提水。侍从刚出城南门，天色大变，狂风卷起满天乌云，眼看大雨就要到了。

侍从害怕淋雨，就想起近处还有个紫微泉，便抄近道过去，提回了一桶。可欧阳修从里面倒了满满一盏喝了一大口后，觉得水味与往常不一样，便问侍从：

"这是哪里的水？"

侍从心里一惊，但仍装着镇静答道：

"是酿泉水。"

欧阳修又喝了一口，仔细地品了一下，仍觉水味不对，生气地说：

"胡说，这不是酿泉水！"

侍从一看瞒不住了，扑通一声跪在地上，哆哆嗦嗦地说道：

"太守大人，小人有罪！这是紫微泉的水。"

欧阳修一听"紫微泉"，心里的气倒反消了，连忙问：

"紫微泉在哪？平时有人喝这泉水吗？"

"有，有。"侍从如实答道："就在南门外不远，附近百姓都吃那儿的水。"

欧阳修走下座位，扶起侍从说：

"起来吧，恕你无罪，明天你带我去看看那紫微泉。"

第二天，太阳刚刚升起，欧阳修便命侍从在前面引路，步行来到紫微泉边，果见山前山后，前来紫微泉汲水的人络绎不绝。欧阳修又把泉水仔细地看了看，水色清澄，竟和酿泉不差分毫。

随后，他向一位汲水的老叟借过水瓢，舀起泉水喝了几口，连声赞叹道："甘哉！美哉！"

当天回到府中，欧阳修便研墨铺纸，亲自写了"紫微泉"三个字，命人刻碑，立于泉旁。以后，又在紫微泉旁边建了一座亭子，命名为"丰乐亭"。

欧阳修饮用泉水已成了习惯。每当他饮起水，感到能与附近的百姓一样，一水同味，心里就乐滋滋的。他决定把这种有益的体会也传给各县的属僚们。

一天，他召集滁州所辖的楚阳、建阳、永阳三县的县官、幕僚议事。等各位官员到齐之后，欧阳修就命侍从给他们每人倒上两盏凉水。开始，县官们都不解其意，心里都吃惊地暗暗嘀咕：太守平生有三大嗜好——茶、酒、文章。我们每次来到州厅，都是每人一盏香茶，今日为何一反常规，给了两盏冷水呢？

正在这时，却听欧阳修说：

"今天请诸位前来议事，先请喝盏凉水，每人都品一品，哪是酿泉水，哪是紫微泉水？"说罢，带头端起盏来，一饮而尽。

各县来的官员只好跟着都喝了一盏，但谁也说不出是哪个泉的水。又喝了第二盏，还是品不出。

欧阳修见大家都品不出，便慨然地说道：

"品出品不出不大要紧，要紧的是诸位要明白，酿泉水、紫微泉水，都是黎民百姓常喝的水、爱吃的水，我们做官的要与民同味。一盏泉水，而知其味。今后我们不管是进谏、上奏，还是处理刑事、民事，都要想到老百姓……"

在座的官员们听了以后，心里方才明白，都连连点头说道：

"太守指教得好！"

然后纷纷争着要水再饮。

从此，每次议事，官员们都先饮泉水，这几乎成了一条规矩。直到欧阳修离开后，有的县官还用冷泉水招待地方的下级小官呢！

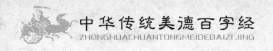
◎故事感悟

　　欧阳修能文善画，是个十足的文人，但他又是个做官之人，他温文尔雅的气质在生活中时刻显现，使他在仕途中有坎坷、有收获，丰富的阅历激发出他创作的灵感，因此欧阳修有许多诗文流传于世，给后人留下了丰富的文学作品。

◎史海撷英

欧阳修的文学观点

　　欧阳修在文学观点上师承韩愈，主张明道致用。他强调道对文的决定作用，以"道"为内容，为本质，以"文"为形式、为工具。尤其重视道统的修养，提出"道胜者，文不难而自至"，"道纯则充于中者实，中充实则发为文者辉光"，"学者当师经"，师经才能用"道"来充实自己。

　　但是，他又纠正了韩愈的某些偏颇。在对"道"的解释上，他把现实中的"事"看做是"道"的具体内容。他认为：学道而不能至，是因为"弃百事不关于心"。他反对"务高言而鲜事实"。在对待"道"与"文"的关系上，他主张既要重"道"，又要重"文"，认为"文"固然要服从于"道"，但非"有德者必有言"，并且列举了许多例子说明"自诗、书史记所传，其人岂必能言之士哉"。同时还指出："言以载事，而文以饰言。事信言文，乃能表见于世。"所谓"事信言文"，就是内容要真实，语言要有文采，做到内容和形式的统一。这是欧阳修对创作的基本论点。

◎文苑拾萃

送智蟾上人游天台

（宋）欧阳修

昔年在伊洛，林壑每相从。

对扫竹下榻，坐思湖上峰。

自言伊洛波，每起沧洲忆。

今兹道行游，千里东南国。

都门汴河上，柳色入青烟。

流水向淮浦，归人随越船。

东南方林蠖，万壑新流满。

小桂绿应芳，江春行已晚。

蔼蔼赤城阴，依依识古岑。

一去谁复见，石桥云雾深。

王安石巧对对联

◎不畏浮云遮望眼，只缘身在最高层。——王安石

> 王安石（1021—1086），字介甫，号半山，谥文，封荆国公，世人又称王文荆公。北宋抚州临川人。中国历史上杰出的政治家、文学家、思想家、改革家。北宋时期宰相，新党领袖。欧阳修称赞王安石："翰林风月三千首，吏部文章二百年。老去自怜心尚在，后来谁与子争先。"有《王临川集》、《临川集拾遗》等存世。

宋代时期的王安石不仅是一位有名的大文学家，且仕途腾达，做官做到宰相。王安石任相期间，实行变法，后虽然失败，但在历史上仍然属于一个有胆有识的大改革家。

王安石才华横溢，文章盖世，相传，王安石在进京考进士时，途经一个十分繁华的集镇，听说一大户人家题联招婿，半年没人能答上来，就忍不住前去观看。

到在这里后，王安石见一家门楼的走马灯上题有一联：

走马灯，灯走马，灯熄马停步。

王安石想了半天，始终没有对出下联，最后只好摇摇头，遗憾地走了。

没想到的是，这一年考试的试题竟然是一副对联的上联：

飞虎旗，旗飞虎，旗卷虎藏身。

　　王安石马上就想到了他途经时看到的走马灯上的一联正好对此联，于是轻松地答上了。

　　后来，金榜张贴出来，王安石金榜题名，中了进士。

　　在回家省亲的路上，王安石又到来时看见走马灯题联招婿的集镇，用"飞虎旗，旗飞虎，旗卷虎藏身"为下联去对上"走马灯"联，结果又被招了女婿。

◎故事感悟

　　一副对联，让王安石双喜临门，可谓太巧不过。实际上，凭王安石的胸中饱学，想考中进士是用不着外界力量帮忙的，这个故事可能只是个传说而已。

◎史海撷英

王安石的青年时代

　　王安石自幼便喜好读书，做文章也是落笔如飞，初看似乎漫不经心，写完后，读过的人都佩服他文章精彩绝妙。他精读了大量的儒家经典，也阅读了诸子百家，还涉猎《素问》、《本草》等医学书。

　　庆历二年（1042年）春，22岁的王安石考中进士，名列上等，从此步入仕途，被任命为签书淮南节度判官职，给扬州地方长官韩琦当幕僚。

　　任职三年后，按宋制可以准许呈献文章请求投考馆阁的职位，这是一般士大夫求得更高官职的途径，但王安石不走这条路，而是继续留在地方任职，于是在庆历七年（1047年）出任鄞县知县。

　　血气方刚的王安石，一心一意要为当地老百姓做些好事。他看到鄞县地区有丰富的水资源，但由于水利连年失修，不能充分利用，使水白白流入大海，倘若遇到不雨之年，便出现严重旱情，这真是最大的浪费与最大的灾患。所以，王安石在到鄞县的第一年便决定利用冬闲季节动员百姓大兴水利，浚治川渠。他亲自奔波在工地上督促检查。

这件事深得民心，百姓是非常愿意效力，两三年便建造了堤堰，修整陂塘，为当地水利建设作出不少成绩。

◎文苑拾萃

秋夜二首

（宋）王安石

幔逗长风细，窗留半月斜。

浮烟暝绿草，泫露冷黄花。

独曳缘云策，仍寻度水槎。

归时参夜半，邻犬静中哗。

寄黄吉甫

（宋）王安石

学兼文武在吾曹，别后应看虎豹韬。

欲问庙堂谁镇抚，尚传边塞敢惊骚。

旌旗急引飞黄下，烽火遥连太白高。

闻说荆人亦憔悴，家家还愿献春醪。

"清水池边洗和尚"

◎水枕能令山俯仰，风船解与月徘徊。——苏轼

佛印（1032—1098），俗姓林，名了元，字觉老，北宋饶州浮梁（今江西景德镇）人。自幼聪慧，3岁诵《论语》，5岁能诵诗三千首。在竹林寺读《楞严经》，不久出家，至庐山开先寺礼云门下三世善暹禅师为师。19岁时到庐山圆通寺参谒居讷禅师，历任淮山斗方寺、庐山开先寺、归宗寺，丹阳金山寺、焦山寺、江西大仰山寺住持。尝四度住云居，与苏东坡相交颇深，并整编白莲社流派，担任青松社社主，对于净土思想甚为关心。朝廷赐号"佛印禅师"。

苏东坡的好友之一佛印和尚经常到东坡住处吟诗作对，饮酒聊天，苏东坡有时也上寺院同佛印把酒谈古论今。

一天，佛印和尚突然造访苏东坡住处。此时恰苏东坡妹妹苏小妹正在东坡书房里，她见佛印和尚来了，急忙躲进纱帐子里去。

佛印进到书房落座后，见纱帐子里隐约有人，猜到是苏小妹，便吟出一上联：

碧纱帐里坐佳人，烟笼芍药。

苏小妹知是佛印在戏弄她，马上在帐子里对出下联：

清水池边洗和尚，水浸葫芦。

又一日，佛印和尚来苏东坡家里谈论佛经，苏小妹得知后，想起上次佛印和尚取笑之事，便写一上联，让身边侍女送给佛印。联语是：人曾是僧人弗能成佛。

佛印知是苏小妹在讥笑自己不能成佛，随即写出下联，让侍女捎回：女卑为婢女又可称奴。小妹看了，暗暗佩服佛印确实才学不浅。

◎故事感悟

以对联相互嘲讽，却又带着善意的戏弄，这才是文人喜欢做的事吧！

◎史海撷英

佛印与苏东坡

宋朝保守派复辟后，北宋著名文学家司马光重拜相位，新法全盘被废。此时，同为保守派的苏东坡却主张对新法不能全盘否定，应存良算渣区别对待，因此与司马光发生冲突，再度被贬瓜州。

苏东坡虽然信仰佛教，但却不喜欢和尚。听说瓜州金山寺内有一个法号为佛印的和尚名气极大，苏轼听说后不服气，就决定到山上去会一会这个和尚。

这天，苏东坡来到庙里，从皇帝讲到文武百官，从治理国家讲到为人之道，和尚都静静地听着。苏东坡见佛印一直一言不发，就从心里有点瞧不起他，心想：大家都说他有本事，原来也不过是草包一个，来这里是骗几个香火钱的吧！

于是，苏东坡的话题慢慢扯到了佛事上。这时，佛印问：

"在先生眼里，老纳应该是一个什么样的人？"

苏东坡正满肚子鄙视，随口答道：

"你在一般人眼里看来是有本事，但那是因为他们浅薄；实际上你每天都故弄玄虚，没有真才实学，是个骗子而已！"

佛印微微一笑，默不应声。

苏东坡看到他这个样子，不仅更瞧不起和尚，自己还洋洋得意起来，便乘兴问道：

"在你眼里，我苏大学士又是一个什么人呢？"

"你是一个很有学问，有修养的人，老纳自愧不如！"佛印答道。

回到家后，苏东坡洋洋得意地把早上如何治和尚的事给小妹讲了一遍。苏小妹听后笑得饭都喷出来了。

苏轼懵了，忙问道：

"小妹为何发笑？"

"你贬低和尚，他不仅没生气，反而把你赞扬了一番，你说谁有修养？没有学问哪来的修养？你还自以为自己比别人强？羞死你，你都不知道！"

苏轼听后恍然大悟，从此与佛印大师成了莫逆之交。

◎文苑拾萃

六月二十日夜渡海

（宋）苏轼

参横斗转欲三更，苦雨终风也解晴。

云散月明谁点缀，天容海色本澄清。

空余鲁叟乘桴意，粗识轩辕奏乐声。

九死南荒吾不恨，兹游奇绝冠平生。

黄庭坚醉中作对

◎贫贱交情富贵非。——黄庭坚

　　黄庭坚（1045—1105），字鲁直，号山谷道人，晚号涪翁，洪州分宁（今江西九江修水县）人。北宋知名诗人，乃江西诗派祖师。书法为宋四家之一。黄庭坚笃信佛教，事亲颇孝，虽居官位，却亲自为父母洗涤便器，为二十四孝之一。

　　北宋有一位著名诗人黄庭坚，自幼聪明伶俐，诗文并举，才学过人。

　　少年时，黄庭坚在家乡一带就小有名气。待饱读诗书、学业有成后，便走出家乡，游历名胜古迹，一来是开阔眼界，二来是想结交一些文人墨客。

　　这一日，黄庭坚来到江西抚州，在街市上逛了一天，晚上找了一家客店住下。第二天去一家酒店，谁知三杯两盏，一个人还喝多了，然后就来到文章桥上，袒胸露腹地仰卧在桥上晒太阳。

　　恰巧在这时，知府大人坐轿途经这里。看到有人拦路，知府大人不得不下轿。

　　知府大人走过来对黄庭坚说：

　　"你怎么喝到这种程度？上一边休息去，不要挡本大人的路！"

　　黄庭坚半睁醉眼说：

　　"让路可以，不过你得对上我出的一联。你如果对得上，我马上走；若对不上，对不起，你就绕道走吧！"

　　知府大人还算有修养的人，也没有怪罪黄庭坚，就说：

"好，请你出上联吧！"

黄庭坚这时似乎酒也醒了，随口道出上联：

　　　　　上文章，下文章，文章桥上晒文章。

知府大人一听，觉得这上联出得奇巧，不太好对。但知府大人毕竟也是进士出身，满腹经纶，略思索一下对道：

　　　　　前黄昏，后黄昏，黄昏渡前遇黄昏。

黄庭坚见知府大人对得又快又好，不得不让开路。但知府大人似乎并没有马上走的意思，而是随口又道出一上联：

　　　　　南桥头二渡如梭，横织江中锦绣。

黄庭坚看看岸边，对道：

　　　　　两岸尾一塔似笔，直写天上文章。

知府大人见黄庭坚思维敏捷，应对如流，心里便对黄庭坚有了好感，于是便邀黄庭坚来到府上，在庭院中让当差摆上酒筵，饮酒中询问了黄庭坚的出身及所读诗书，倍加喜爱。

这时，一轮明月爬上天空，正好映在身边一池塘里，知府大人随口吟出一联："水底月为天上月。"

黄庭坚答道："眼中人是面前人。"

知府大人一时兴起，跟黄庭坚一直喝到三更天，出上联云：

　　　　　樵楼上，呼呼呼，锵锵锵，三更三点，正合三杯通大道。

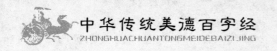

黄庭坚思索半天，才勉强答出：

华堂前，你你你，我我我，一人一盏，但愿一醉解千愁。

二人一唱一和，喝得高兴，对句和谐。从此以后，黄庭坚便与知府大人成了朋友。

◎故事感悟

黄庭坚真是才思敏捷、机敏睿智，在醉中对绝对，让人敬佩他那学富五车的才能啊！

◎史海撷英

黄庭坚的书法成就

黄庭坚书法别树一帜，擅行书、草书，尤善草书，其作品有《诸上座帖》、《李白忆旧游诗帖》等，被后人评为纵横奇崛，波澜老成，且收放自如，突破方正均匀的体例，因而与苏轼、米芾、蔡襄并称"宋四家"。

"宋四家"虽然都以行书见长，但只有黄庭坚的草书雄视当世。由于黄庭坚心胸豁达，不择笔墨，遇纸即书，直到纸尽为止，所以他的草书不为旧规矩所束缚。

正因为如此，黄庭坚被视为继怀素、张旭之后，宋代最重要的草书大家，明代沈周更称他为"草圣"。

◎文苑拾萃

书幽芳亭

（宋）黄庭坚

士之才德盖一国，则曰国士；女之色盖一国，则曰国色；兰之香盖一国，则曰国香。自古人知贵兰，不待楚之逐臣而后贵之也。兰甚似乎君子，生于深山薄丛之中，不为无人而不芳，雪霜凌厉而见杀，来岁不改其性也。是所谓"遁世无闷，不见是而无闷"者也。兰虽含香体洁，平居与萧艾不殊。清风过之，其香蔼然，在室满室，在堂满堂，所谓含章以时发者也。

然兰蕙之才德不同，世罕能别之。予放浪江湖之日久，乃尽知其族。盖兰似君子，蕙似士，大概山林中十蕙而一兰也。《楚辞》曰："予既滋兰之九畹，又树蕙之百亩。"以是知不独今，楚人贱蕙而贵兰久矣。兰蕙丛生，初不殊也，至其发华，一干一花而香有余者兰，一干五七花而香不足者蕙。蕙之不若兰，其视椒樧则远矣。世论以为国香矣，乃曰"当门不得不锄"，山林之士，所以注而不返者耶？

陆游改诗

◎短不可护，护短终短；长不可矜，矜则不长。——聂大年

> 陆游（1125—1210），字务观，号放翁。越州山阴（今浙江绍兴）人，南宋爱国诗人。陆游不仅工诗，而且善词，词风格多样并有自己的特色，或清丽缠绵，或抒发深沉的人生感受，或寄寓着高超的襟怀。著有《剑南诗稿》、《渭南文集》等数十个文集存世，自言"六十年间万首诗"，今尚存9300余首，是我国现有存诗最多的诗人。

南宋淳熙二年初，范成大镇守蜀中，邀请陆游去他那儿做参议官。陆游与范成大是好友，两人与杨万里、尤袤合称南宋"中兴四大诗人"，便打点行装，催马前往。

这一天，陆游来到梁山县（今梁平县）的蟠龙山下。只见前面青山耸峙，叠嶂连天，古树繁茂，遮天蔽日。脚下溪水淙淙，远处一道飞瀑悬挂蟠龙山涧，恰似一匹素绢从万仞之上飘然逸出。陆游抚着马首，感慨万分："远望纷珠缨，近观转雷霆……真个是'双飞灵风干舞寻，倒泻银河半壁来'呀！"

陆游正要下马观赏，忽然听见山顶鞭炮震耳，锣鼓喧天，笑语不断，忙命随从紧紧跟上，赶上山来。定睛一看，原来是当地的官员正和山民百姓庆贺蟠龙桥的落成。

地方官员和山民百姓听说当代大诗人陆放翁来到此地，顿时欢呼雀跃，纷纷上前问安。一位姓李的秀才还说，"求大人不吝笔墨，以壮今日声色，不知大人意下如何？"

"岂敢，岂敢，久闻蟠龙乃人杰地灵之所在，鄙人焉能班门弄斧。"陆游连声推辞。

"大人何必过谦，就写一句也好。"山民们一齐嚷了起来。

陆游见再三推辞不过，便命随从取出文房四宝，浓墨饱蘸，不假思索，欣然命笔于桥头石壁之上：桥锁蟠龙，阴雨千缕翠；林栖鸣凤，晓日一片红。

"献丑了，献丑了。"写完，陆游拱手施礼，跨上马鞍，向梁山县城飞驰而去。

陆游为蟠龙桥书写对联的消息不胫而走。方圆几十里路外的文人墨客和山民百姓闻讯都赶来以饱眼福。

这一天，一位手执扦担、腰挎猎刀的姑娘也挤来看陆游题的诗。

"英姑，你见多识广，通晓古今，看这对联如何？"有人问这位姑娘，"这可是当代名人陆放翁的大作呀！"

英姑扬起柳眉，舒展杏眼，凝神看去，随后答道："不愧出自名家之手，果然不同凡俗。只是……"英姑双眉微微皱起。

"只是什么？快说，快说呀！"

"只是有一字不太贴切，弱了气魄。你们看，这上联……"

英姑还没说完，一位鬓发如霜的老头突然闯过来，拉着英姑就往外走，还大声斥责着："你呀，真不知天高地厚。人家是当今才子，朝廷命官，你还要命不！"

英姑的这一议论，当夜就传到了正在县城歇息的陆游耳里。

"啊！竟有这等事。"陆游不由沉吟起来，"想我陆游名贯四海，笔横九州，这黄毛丫头竟敢如此大胆……不过，古人云'智者千虑必有一失，愚者千虑必有一得'，莫非这丫头……也罢，也罢！前去看个究竟……"这一夜，陆游辗转反侧，未能入睡。

第二天凌晨，陆游便向蟠龙山赶来。一打听，才知道这英姑姓肖，年方二八，早年丧母，父女俩以打柴为生。后来家中失火，无处居住，便以蟠龙洞为家。虽然家境贫寒，但父女俩却读书成癖，常常挑灯夜读，不知东方之既白。英姑的才学更是胜过父亲。她天资聪颖，学习勤奋，诗词歌赋，地理

天文，无不通晓，因此在当地是闻名遐迩。

太阳当空之时，陆游来到了洞前。英姑父女在洞深处听见外面人声嘈杂，暗忖：想不到这通判老儿气量如此狭窄！英姑更是火起，想要出去理论几句，被父亲一把拉住了。父女俩屏住声息，任凭外面大呼小叫，始终不露声色。

陆游见久唤不出，大失所望。眼看天又将晚，只好快快地回去了。

次日早上，陆游脱下官袍，换上便衣，独自一人再次来到蟠龙洞。从上午一直等到下午，从下午又等到黄昏，仍不见英姑父女的影子。

陆游压住焦躁，沉吟半响，走进英姑父女的住所，找出纸笔墨砚，信手写道"求贤龙蟠，不必重返，凤凰开口，林中说半，既为英姑，不见留半，何又向前。"

陆游一气呵成，掷笔暗道，英姑若能识破其中奥妙，便确有真才实学；如果不能解此诗迷，证明她也不过是徒有虚名罢了，我又何必再等下去呢？

陆游刚走不久，英姑父女就从洞的深处出来了。一见留下的纸条，便琢磨起来。

"罢了，罢了。"英姑父亲看了半天，不由叹道："文不成文，诗不成诗，分明是放翁故意刁难。要解名人之题，谈何容易呀！"

"名人又怎样？他既能写，我便能解。父亲您看，这恰好是28字，必然是一首七言绝句了。只要将字词重新组合，就不难理解了。"

英姑取出笔墨，反复寻思，终于将诗排列出来。父亲惊喜交加，探头看去，果然是一首诗：

> 重返蟠龙为求贤，不见英姑不向前。
>
> 林中凤凰既开口，何必说半又留半？

英姑父女见陆游如此谦虚诚恳，想到先前的误会，懊悔不已，决计明晨前往陆游处负荆请罪。

第二天，英姑刚开洞门，陆游正站在门首等候，浑身已被露珠浸湿。英姑父女忙将陆游引进书室，又慌忙来到灶房，取下山鸡野味，办了一顿丰盛的早餐。

席间，陆游方才提及对联之事："久闻二位大名，故而三次登门求见。还望二位不吝指教，凿开茅塞，鄙人洗耳恭听。"

"启禀大人，"英姑略施一礼，不卑不亢地说道："大人乃当今诗人，奴家不过是山民野女，对大人之作，委实不敢妄加评论。只是承蒙大人不弃，三次光临寒舍，实感盛情难却，只好斗胆直言了。本来大人之联对仗工稳，音韵协调，诗情画意，熔于一炉，修辞平仄，均无差错。只是有一字稍欠思索……"

"何以见得？"陆游迫不及待地问道。

"恕我放肆。上联'桥锁蟠龙，阴雨千缕翠'，大人算写绝了，无懈可击。下联'林栖鸣凤，晓日一片红'却不太完美。若把'一片红'改为'一声红'，岂不更妙？凤凰叫而旭日升，上呼下应，有声有色。'一片红'的范围受'片'字所限，气魄不大；而'一声红'可是蟠龙山之红，也可是普天之下的红，其气其势，迥然不同。不知大人以为如何？"

"妙哉！妙哉！老翁我真真受教了。"英姑一番言语，说得陆游眉飞色舞，赞叹不已。

陆游辞别英姑父女后，前往蟠龙桥头将对联改过，这才跃马扬鞭，疾驰而去。

◎故事感悟

陆游为了能获得他人的指教，不惜多次虚心求教，精神实在可贵！这也许就是文人的"倔强"精神吧。

◎史海撷英

中国文学史上的陆游

诗人陆游共有9300余首诗词存下来。总体来说，他的诗大致可以分为三个

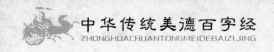
时期：

第一个时期是从少年到中年（46岁）入蜀以前。这一时期存的诗仅有200首左右，而且主要偏于文字形式，还没用得到生活的充实。

第二个时期是入蜀以后，到他64岁罢官东归，前后近20年的时间，存诗有2400余首。这一时期是陆游从军南郑、充满战斗气息及爱国热情的时期，也是陆游诗歌创作的成熟期。

第三个时期是他长期蛰居故乡山阴一直到逝世的20年时间中，存诗约有6500首。诗中大多表现出一种清旷淡远的田园风味，并不地时流露出苍凉的人生感慨。另外，在这一时期的诗中也表现出一种趋向质朴而沉实的创作风格。

不论哪个时期，陆游的诗中都始终贯串着炽热的爱国主义精神，且以中年入蜀以后表现得尤为明显，不仅在同时代的诗人中显得很突出，在中国文学史上也是罕见的。

陆游的诗的体裁也很丰富，无论是古体、律诗还是绝句，都有出色的作品，其中尤以七律写得好。在这方面，陆游继承了前人的经验，同时又融入了自己的创作风格，所以有人称他和杜甫、李商隐完成七律创作上的"三变"，又称他的七律当时无与伦比。

除七律外，陆游在诗歌创作上的成就当推绝句。陆游的诗虽然呈现着多彩多姿的风格，但从总的创作倾向看，还是以现实主义为主。他继承了屈原等前代诗人忧国忧民的优良传统，并立足于自己的时代而做了出色的发挥。

◎文苑拾萃

江楼吹笛饮酒大醉中作

（南宋）陆游

世言九州外，复有大九州。

此言果不虚，仅可容吾愁。

许愁亦当有许酒，吾酒酿尽银河流。

酌之一斛玻璃舟，酣宴五城十二楼。

天为碧罗幕，月作白玉钩；

织女织庆云，裁成五色裘。

披裘对酒难为客，长揖北辰相献酬。

一饮五百年，一醉三千秋。

却驾白凤骖斑虬，下与麻姑戏玄州。

锦江吹笛余一念，再过剑南应小留。

王献之雅事两三件

◎多虚不如少实。——陈敷

> 王献之（344—386），东晋著名书法家、诗人。字子敬。祖籍山东临沂，生于会稽（今浙江绍兴），王羲之第七子。官至中书令，为与后世书法家王珉区分，人称王大令。与其父并称为"二王"。

　　王献之是我国东晋时期著名的书法家，尤其善于写草书和隶书。他从小就跟随父亲王羲之学习书法，后来师从张芝学习书法。以后，他一改前人的各种成规，另外创造自己的笔法，按照自己的想法随意书写。通过这种创新写出来的字，与自然的规则正好相合。

　　王献之在刚刚学习写字时，父亲王羲之多次从他背后偷偷去抽他手中的毛笔，结果都没有抽出来。王羲之高兴地赞叹说：

　　"这孩子将来一定会出大名的。"

　　于是，王羲之就书写了《乐毅论》送给他。王献之认真学习《乐毅论》，竟然取得了很高的成就。

　　王献之的小楷字写得可以说到了穷微入圣的境地，字体结构紧密，不比父亲王羲之写得差。但如果把字写大，就显得过直了，缺乏姿态，难以与父亲的字体相比。只是在行书、草书中，舒逸之气超过了父亲。

　　太元年间，朝廷新建了一座太极殿，谢安想让王献之为太极殿题写一块匾额，使之成为万代流传的宝物。但是，他又不便直言，就对王献之谈起韦诞登上高凳为魏明帝题写凌云台匾额的事。

王献之很清楚他的用意，就严肃地说：

"韦诞是魏国的大臣，怎么会做这样的事呢？如果有这件事，从这就可以知道魏国的国运是不会长久的。"

谢安听了这话后，就不再让王献之写了。

王献之在任会稽内史期间，有一天，他出去游玩，见北面房子的墙壁刚用白粉刷过，十分白净。王献之就让人取来扫帚，沾着泥浆，在白墙上写字。他写的字有一丈见方，笔画是灰黑色的，但文采风扬，相当有气势。周围的人看到后，每天都来观看，以至于简直成了闹市。

后来，王羲之看了，也赞叹字写得好。王羲之就问周围观看的人，这字是谁写的。周围人回答说：

"是你家七郎写的。"

王羲之很高兴，在给亲近的人写信中说：

"献之的飞白体大有长进，都写到墙壁上了！"

王献之十分喜爱写字，一有机会就会制造出一些玄妙的事情来。有一个多事的少年，用精致的白纸做了一副手铐，拿到王献之那里。王献之觉得很新奇，就拿过来在手铐上面写字，草体、楷体等各种书体都写了，正好把手铐写满。

好事的少年见王献之身边的人有夺取手铐的意思，马上抱了纸手铐跑了。王献之身边的人果然追到门外，双方一抢，结果纸手铐被撕为两截，少年只拿到了一半。

王献之在任吴兴太守时，羊欣的父亲羊不疑担任乌程令。羊欣当时只有十五六岁，但书法已经相当有造诣了，王献之和他关系很亲密。

有一天，王献之到乌程县羊欣的书斋，只见羊欣穿着白绢裙在午睡。王献之就在他的裙子及裙带上写满了字。

羊欣醒来一看，既惊讶又高兴，就把裙子当宝贝一样收藏起来，后来献给了朝廷。

◎故事感悟

　　王献之对书法有着极高的造诣，同时，他还具备文人高雅的气质和境界。在他的身上，发生了许多有趣的雅事。可以说，王献之是很多文人所崇拜的典范。

◎史海撷英

王献之的书法造诣

　　对于王献之的书法，张怀瓘在《书议》曾这样评价：

　　"子敬才高识远，行草之外，更开一门。……子敬之法，非草非行，流便于草，开张于行，草义处其中间。……有若风行雨散，润色开花，笔法体势之中，最为风流者也。"

　　王献之学父王羲之书，后又转学张芝，他不仅劝父"宜改体"，而自己也在实践另创新法。

　　可惜的是，他43岁便去世了，否则他在书艺上的成就应更为可观。虽然如此，他已将自己的天赋资质、独特的精神风貌、思想情感等，一一融入到他的书法作品中，在书艺中留下不朽的名声。

　　王献之很像他的父亲，擅长丹青。桓温尝请他画扇而，王献之一时失手，误落了一点墨，索性顺势画成"乌驳牸牛"图，尤为妙绝；又在扇面上写《驳牛赋》，可谓机敏过人。

　　王献之所写的曹植的《洛神赋》，用笔挺秀直书，显然是改革了父亲圆转善曲的书风，吸取了西汉古隶的笔意。让隶方整多用直笔，王献之正是以直笔人真书，才使得真书又有新意。

米芾风雅拜石为兄

◎字要骨格，肉须裹筋，筋须藏肉，帖乃秀润
生。——米芾

米芾（1051—1107），字元章，时人号襄阳漫士、海岳外史，自号鹿门居士。北宋著名书法家、鉴定家、画家、收藏家。米芾原籍襄阳（今属湖北），后定居润州（今江苏镇江）。召为书画学博士，擢礼部员外郎。米芾在官场上并不得意，其"不能与世俯仰，故从仕数困"。因其衣着行为以及迷恋书画珍石的态度皆被当世视为癫狂，故又有"米颠"之称。

米芾是北宋时期著名的书法家，但他写文章的水平也十分高超，追求文笔奇特，妙语惊人，不重蹈沿袭前人做文章的路子。

他还特别擅长书画，书法坚劲流利，气韵飞动，具有王献之的笔意。画山水人物别出新意，自成一家。尤其临摹，可以达到以假乱真难以辨认的程度。他还精于鉴别，遇到古代器物、书画便如获至宝，极力寻求索取，一定要搞到手才罢休。王安石曾摘录他的诗句写在扇面上，苏轼也喜爱和赞赏他的诗。

米芾的穿戴仿效唐人，风姿神采，潇洒风流，言谈清晰流畅，所到之处人们争相围聚仰观。而且，米芾生性好洁以至成癖，从不与别人同用洗面用具。他举止怪异，经常被人们传为笑谈。

在无为州治（今安徽无为）有一块巨石，奇形怪状。米芾看到后，喜出望外，整好衣冠就向巨石叩拜，并把巨石称为自己的兄长。

由于他与社会格格不入，他的仕途之道也屡遭困顿。他曾奉诏命仿照《黄

庭》小楷作周兴嗣的《千字韵语》，还曾被允许进入宣和殿观赏其中的书法珍品，人们都把这个看做特别荣耀的事。

◎故事感悟

米芾拜石头为兄传为奇谈，也许，文人都有着与常人不同的思想吧！而这种不同常人的举止也许正是他们创作灵感的来源！

◎史海撷英

米芾恃才傲物

米芾是一个有真才实学的人，但他却不善于官场逢迎，将很多的时间和精力花在玩石赏砚钻研书画艺术上，因此对书画艺术的追求到了如痴如醉的境地。

在别人眼里与众不同、不入凡俗的个性和怪癖，也许正是米芾成功的基石。他曾自作诗一首：

柴几延毛子，明窗馆墨卿。

功名皆一戏，未觉负平生。

他就是这样一个把书画艺术看得高于一切的恃才傲物的人。

◎文苑拾萃

蝶恋花

（宋）米芾

千古涟漪晴绝地。海岱楼高，下瞰秦淮尾。

水浸碧天天似水。广寒宫阙人间世。

霭霭春和生海市。鳌戴三山，顷刻随轮至。

宝月圆时多异气。夜光一颗千金贵。

祝枝山妙手题联

◎任你东西南北，千丝万缕，总系不得郎舟住。——祝枝山

> 祝允明（1460—1527），字希哲，号枝山。因生而右手有六指，自号"枝指生"。明代文学家、书法家，长洲（今江苏苏州）人。当时与徐祯卿、唐寅、文徵明号称"吴中四才子"。祝枝山所书写的《六体书诗赋卷》、《草书杜甫诗卷》、《古诗十九首》、《草书唐人诗卷》及《草书诗翰卷》等都是传世墨迹的精品。

明代的祝枝山自幼聪明好学，才华横溢，能诗文，工书法，和唐伯虎、文徵明、徐桢卿并称为"吴中四才子"。

祝枝山10岁那年，参加了县里的童子试。临考前，私塾先生有意想再考他一下，就出了一个上联要祝枝山答："闲看门中月。"

这是拆字联，繁体字"閒"，正是"门"中一个"月"字。

祝枝山马上对道："思耕心上田。"

"心"与"田"合起来正是一个"思"字。老先生见祝枝山才思如此敏捷，知道他这次参加考试肯定能考个好成绩。

考试这天，县令亲自主持童子试。县令见祝枝山眉目清秀，先有了几分喜爱，便把祝枝山叫到跟前，指着自己茶杯上画的太极图出了一个上联："杯中含太极。"

祝枝山一时无从答对，忽然发现县令桌案上有一部《易经》，便应答道："书内孕乾坤。"

县令听了，问祝枝山："何为乾坤？"

祝枝山回答道：

"《易经》里写的，不全都是乾坤八卦的无穷变化吗？"

众人听了，均连连称是，都夸这孩子长大后必成大器。

祝枝山果然不负众望，不仅才华出众，而且名扬四海，结交了许多文友。

有一天，祝枝山与唐伯虎一起到郊外闲游，见农夫车水灌田，祝枝山即兴出了一句上联："水车，车水，水随车，车停水止。"

此联不仅表意准确，而且在文字上颇为讲究，前一个词的末尾一字，正是后一个词的开头一字，俗称"顶针续麻"。

唐伯虎虽然才华过人，但面对这样的难对也一时犯了踌躇，后行至稻场，才恍然大悟，灵机一动，对道："风扇，扇风，风出扇，扇动风生。"

祝枝山也连称唐伯虎对得妙绝。

又一天，祝枝山的一位朋友给祝枝山送来两坛好酒。祝枝山不喜欢一个人喝闷酒，就把唐伯虎叫来，二人开怀畅饮。

这时，祝枝山已稍有醉意，便口占一上联："贾岛醉来非假倒。"

唐伯虎此时虽觉头晕脚轻，但思维尚未混乱。他把杯中之酒一饮而尽，对道："刘伶饮尽不留零。"

◎故事感悟

祝枝山和唐伯虎是"吴中四才子"中的二杰，他们都才思敏捷，学问饱腹，是我国历史上著名的文人墨客，他们做文章看似信手拈来，不费吹灰之力，但细品，其精妙处令人拍案，至今他们留下的诗文、画作在我国历史上熠熠生辉。

◎史海撷英

祝枝山的文学成就

祝枝山擅长诗文和书法，尤其他的狂草颇受世人赞誉，流传有"唐伯虎的画，祝枝山的字"之说。王世贞在《艺苑厄言》中评价道：

"天下书法归吾吴，祝京兆允明为最，文待诏徵明、王贡士宠次之。"

祝枝山所书写的《六体书诗赋卷》、《草书杜甫诗卷》、《古诗十九首》、《草书唐人诗卷》及《草书诗翰卷》等，都是传世墨迹的精品。

祝枝山的主要著作有：《怀星堂集》30卷、《苏材小纂》6卷、《祝子罪知》7卷、《浮物》1卷、《野记》4卷、《前闻记》1卷、《志怪录》5卷、《读书笔记》1卷等。

◎文苑拾萃

太行歌

（明）祝枝山

上客坐高堂，听仆歌太行。

六岁从先公，骑马出晋阳。

遥循厚土足，忽上天中央。

但闻风雷声，不见日月光。

狐兔绕马蹄，虎豹噪树旁。

衡跨数十州，四面殊封疆。

童心多惊栗，壮气已飞扬。

自来江南郡，佳丽称吾乡。

邈哉雄豪观，寤寐不可忘。

人生非太行，耳目空茫茫。

唐伯虎巧对众儒

◎男儿立志三步曲：齐家、治国、平天下。——唐寅

唐寅（1470—1523），明代著名画家、文学家。字伯虎，又字子畏，以字行，号六如居士、桃花庵主、逃禅仙吏等，江苏苏州吴县人。吴中四才子之一，在画史上又与沈周、文徵明、仇英合称"明四家"或"吴门四家"。唐寅作品以山水画和人物画闻名于世，其创作的多幅春宫图也为他个人添加了"风流才子"的名声。

唐伯虎少年时便很有才气，诗画俱佳，其画以山水人物见称，为"明四大家"之一；其诗多凄怨之词，号称"吴中四才子"。

唐伯虎才思敏捷，还十分善于对对联。传说有一年的初夏时节，唐伯虎携文友游览南方，来到湖南地界后，本地文人墨客慕唐伯虎大名，在洞庭湖畔设下盛宴，为唐伯虎接风洗尘。

酒过三巡，来客中有一位姓侯的举人，自恃知书通文，更得意于自己在对对联上的某些特长，想乘机卖弄一下自己的才华，也想试探一下唐伯虎的真才实学。于是，他提出要与唐伯虎联诗作对，以助与席者的酒兴。

唐伯虎虽再三逊让，但侯举人却执拗不放，无奈只好奉陪。侯举人当即出了一句上联：

> 洞庭湖，八百里，波滚滚，浪滔滔，唐先生自何而来。

唐伯虎见此人态度傲慢，目中无人，乃将杯中酒一饮而尽，立刻答出下

联来：

巫山峡，十二峰，云霭霭，雾腾腾，本游子从天而降。

侯举人见唐先生气势与才华果然不同凡响，下一步可不能马虎对待。于是，他随手在湖畔的一棵鲜果累累的李子树上摘下一个李子，扔在湖中，又道出一条更难的上联：

"李打鲤，鲤沉底，李沉鲤浮。"

吟罢又说道："唐先生，此对乃叙眼前之景，抒胸中之情，大人下联若得如此，我当甘拜下风。"

当时正值仲夏鲜花盛开之时，群蜂纷飞，正忙着采花酿蜜。唐伯虎偶观此景，马上诵出了下联：

"风吹蜂，蜂扑地，风息蜂飞。"

众文人墨客听后，个个服气，都甘拜唐伯虎为师。

◎故事感悟

侯举人在才子唐伯虎面前，也只能落得个自讨没趣。唐伯虎妙对众儒，出口即对，表现出他才思敏捷，机敏睿智。

◎史海撷英

解字谜唐寅得良师

相传，唐伯虎的老师沈石田是祝枝山为他找的。唐伯虎幼年时家境不好，父亲在苏州开酒馆谋生。不过酒馆收拾得十分干净整洁，经常有文人墨客来这里饮酒吟诗。

唐伯虎自幼便喜欢画画。13岁时，父亲让他在店中帮忙干活，不再上学，每每画出得意的画就贴在店墙上。

有一次，才子祝枝山来到酒馆喝酒，看到了墙上的画，很喜欢，就问老板这画是由谁画的。老板回答说是儿子唐寅画的。祝枝山很惊讶，要求见见这个孩子。

在得知了唐寅的家境贫寒之后，祝枝山决定帮助他找一位丹青妙手来教他画画。不久，祝枝山就带着画师沈石田来到了酒馆。

沈石田也很欣赏唐寅的画，但想考考他才气如何，就为他出了一个字谜：

"去掉左边是树，去掉右边是树，去掉中间是树，去掉两边是树，这是什么字？"

唐寅略一思考就说出了谜底是个"彬"字。

沈石田很高兴，当即便收唐寅为徒。

◎文苑拾萃

贫士吟

（明）唐寅

十朝风雨若昏迷，八口妻孥并告饥。

信是老天真戏我，无人来买扇头诗。

青山白发老痴顽，笔砚生涯苦食艰。

湖上水田人不要，谁来买我画中山。

荒村风雨杂鸡鸣，辘釜朝厨愧老妻。

谋写一枝新竹卖，市中笋价贱如泥。

书画诗文总不工，偶然生计寓其中。

肯嫌斗粟囊钱少，也济先生一日穷。

白板门扉红槿篱，比邻鹅鸭对妻儿。

天然兴趣难摹写，三日无烟不觉饥。

汤显祖智对对联

◎凡文以意趣神色为主。——汤显祖

> 汤显祖（1550—1616），中国明代末期戏曲剧作家、文学家。字义仍，号海若、清远道人，晚年号若士、茧翁。江西临川人。在中国和世界文学史上有着重要的地位，代表作有《牡丹亭》、《紫钗记》等。

明代有一位大戏曲家，名叫汤显祖，小时候吟诗作对便出手不凡。

汤显祖9岁那年，有一天，他跟父亲去亲戚家，一路上少不得爬山越岭，乘舟过河，十分奔波，但汤显祖却非常喜欢这大自然的风光，只觉看什么都觉得新鲜、可爱，而且不时触景生情，吟出几句诗来。父亲听了，心里相当高兴。

这一天，父子俩乘船过了一条大河后，眼见日落西山，但前不着村、后不见店，何处去住宿呢？

父子俩正踌躇之际，忽然在一片树林中发现了一座寺庙。父子俩喜出望外，于是紧走几步，到了寺庙前，只见门匾上写着"十佛寺"三字。

父子敲门，一个小和尚开门探出头来，问有什么事？父子俩说想借寺庙住一宿，明天赶路。

这时候，寺中长老闻声走了过来，说：

"本寺有规矩，想住宿并不难，但必须能对上我出的上联方可。倘能对出，吃住一分钱不要；如果对不出，那就不能接待。"

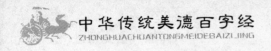
汤显祖听了，一点也没有畏惧，笑着说：

"长老，请你出上联。"

长老出口说：

"万瓦千砖，百匠造成十佛寺。"

这上联嵌着"万、千、百、十"四个数字，并不好对，但汤显祖很轻松就对上了：

"一舟二橹，三人摇过四仙桥。"

汤显祖想到了刚才乘舟过河时的情景，马上就对上了。寺院长老听了，不仅免费招待了他们父子俩，还点烛聊了半宿。

◎故事感悟

寺庙的规矩显得怪异且不真实，不过这个故事很有趣，汤显祖以他才高八斗的才学赢得了长老的认可。

◎史海撷英

汤显祖创办书院

古代徐闻县民风好斗，人皆轻生，汤显祖为了推广中原文明化土著之俗，联合知县熊敏捐俸银在徐闻县城西门塘畔创办了一所"贵生书院"，教民知书识礼，认识生命的重要性而化其轻生之俗，并宣传"君子学道则爱人"、"天下之生皆当贵重"的人生哲理。

汤显祖将书院的12间教室分别命名为审问、博学、慎思、明辨、笃行、格物、致知、诚意、正心、修身、齐家、治国，并在《徐闻留别贵生书院》一文中道：

"天地孰为贵，乾坤只此生，海波终日鼓，谁悉贵生情。"

汤显祖在教学上对弟子一视同仁，因材施教，扶理谈修，每日津津不厌。通过汤显祖的教育和宣传，徐闻县文风渐盛，科举盛行。

◎文苑拾萃

午日处州禁竞渡

（明）汤显祖

独写菖蒲竹叶杯，蓬城芳草踏初回。
情知不向瓯江死，舟楫何劳吊屈来。

江宿

（明）汤显祖

寂历秋江渔火稀，起看残月映林微。
波光水鸟惊犹宿，露冷流萤湿不飞。

郑板桥出联断案

◎君有奇才我不贫。——郑板桥

郑燮（1693—1766），字克柔，号理庵，又号板桥。江苏兴化人，祖籍苏州。清代著名书画家、金石家、诗人。他是历史上的杰出名人，"扬州八怪"的主要代表，以"三绝诗书画"闻名于世。

传说郑板桥在刚刚到淮县任县官时，一位白发苍苍的私塾先生前来告状，称一位财主请他教学，议定为一年酬金八吊。但到了年底，财主却分文没有给他。

郑板桥听了后，半信半疑，同时又怀疑这位塾师无能，误人子弟，导致主人不给酬金。于是就说：

"你口说无凭，我不能单信你一面之词。这样吧，我当面试你一试，你看可好？"

私塾先生说：

"请大人出题了。"

郑板桥想了想，说："那就以'塾师'为题目，你自撰一副对联吧。"

私塾先生拿过纸笔，很快就写出一副自道苦衷的联句：

伤心夜雨打蕉窗，点半盏残灯，替众生改之乎者也。

回首秋风扫梧院，剩一支秃笔，为举家谋柴米油盐。

郑板桥见他写得工整贴切，生动凄苦，不断点头称"好"。但还是不放心，又说：

"我再出一个上联，你对对看。"

于是，他便以大堂上的灯笼为题，出联：

四面灯，单层纸，辉辉煌煌，照遍东西南北。

塾师顺口就对道：

一年学，八吊钱，辛辛苦苦，历尽春夏秋冬。

郑板桥见塾师对对工整，并非无能之辈，就把欠下塾师酬金的财主找来，当下判定塾师为胜。财主不敢再赖账，乖乖拿出八吊钱给了塾师。

老塾师千恩万谢，郑板桥却笑笑说：

"不用谢，不用谢，如你别处没事可干，以后就留在县衙门吧，我这儿正好用人。"

老塾师又是千恩万谢，随即便留在了郑板桥身边。

◎故事感悟

郑板桥可谓机敏善识，出对联断案，在中国古代断案历史上实在少见，真是妙趣横生。

◎史海撷英

郑板桥卖画扬州

由于生活困苦，郑板桥在30岁以后卖掉以前开的学馆，至扬州卖画为生，实

救困贫，托名"风雅"。在扬州卖画的10年期间，他也进行了一些旅游活动。

32岁时，郑板桥出游江西，在庐山结识了无方上人和满洲士人保禄。33岁时出游北京，与禅宗尊宿及其门羽林诸子弟交游，放言高论，臧否人物，因而得狂名，在京期间结识了紫琼崖主人。35岁，客于通州。36岁，读书于扬州天宁寺，手写《四书》各一部。37岁时，作《道情十首》初稿。

郑板桥十载扬州，结识了许多画友，金农、黄慎等都与他过往甚密，对他的创作思想乃至性格都有极大的影响。

◎文苑拾萃

桃叶渡

（清）郑板桥

桥低红板，正秦淮水长，绿杨飘撇。

管领春风陪舞燕，带露含凄惜别。

烟软梨花，雨娇寒食，芳草催时节。

画船箫鼓，歌声缭绕空阔。

究竟桃叶桃根，古今岂少，色艺称双绝？

一缕红丝偏系左，闺阁几多埋没。

假使夷光，苎萝终老，谁道倾城哲？

王郎一曲，千秋艳说江楫。

纪晓岚巧对乾隆联

◎浮沉宦海如鸥鸟，生死书丛不老泉。——纪晓岚

纪昀（1724—1805），字晓岚，又字春帆，晚号石云，又号观弈道人、孤石老人、河间才子，谥号文达。在文学作品、通俗评论中，常被称为纪晓岚。清乾隆年间的著名学者，政治人物，直隶献县（今河北献县）人。官至礼部尚书、协办大学士，曾任《四库全书》总纂修官。

清乾隆年间，皇帝南巡，一行人马浩浩荡荡来到顺天通州。这时，乾隆皇帝来了灵感，出了一句上联：

南通州，北通州，南北通州通南北。

乾隆让身边的随从人员对出下联。众人想了半天，面面相觑，谁也对不出来。

这时，乾隆又目示纪晓岚，让纪晓岚对。纪晓岚本来不想对，但皇上点到头上了，只好对道：

东当铺，西当铺，东西当铺当东西。

乾隆连连点头，称赞纪晓岚对得妙。

有一年，乾隆皇帝登泰山，这当然少不了一些心腹大臣、皇亲国戚等在身边陪伴。一行人先到东岳庙祭祀，这时正逢野台梆子戏演《西厢》。乾隆一时来了雅兴，口出一联要让群臣对：

东岳庙演西厢，南腔北调。

上联一出，各大臣你看我、我看你，谁也对不出。后来，乾隆又点名让纪晓岚对。纪晓岚是对对高手，马上应道：

春和坊卖夏布，秋收冬藏。

众人都说："好对，好对。"

还有一年的夏天，纪晓岚陪乾隆一起游湖。皇上游湖，自然是少不了轻歌曼舞，饮酒作乐。玩到兴奋处，乾隆对纪晓岚说，要以联语为戏，于是随口说道："两碟豆。"

纪晓岚对："一瓯油。"

乾隆改口："两蝶斗。"

纪晓岚亦改口："一鸥游。"

乾隆又续道："林间两蝶斗。"

纪晓岚说道："水上一鸥游。"

从这些对句中，足见纪晓岚博学多才，思维机敏，难怪乾隆那么喜欢他。

乾隆皇帝在带领群臣巡视江南时，途经一个池塘，见塘内荷花含苞欲放，有如红拳浮在水面，遂口占上联，让纪晓岚答对：

"池中莲藕攥红拳打谁？"

纪晓岚眼望岸上一片苘麻，灵机一动说：

"岸上麻叶伸绿掌要啥？"

随后，他们一行人来到一座四方八角的桥上，乾隆见桥造得十分壮观，便又脱口吟出上联：

八方桥，桥八方，站在八方桥上观八方，八方八方八八方。

纪晓岚即时对道：

万岁爷，爷万岁，跪在万岁爷前呼万岁，万岁万岁万万岁。

◎故事感悟

从以上故事中，我们可以看出乾隆皇帝也是个有才华的人，而纪晓岚更是才思敏捷。在他们的对联中，既可以看出对联的精妙，又给人以无尽的文学享受。真可谓千古绝对！

◎史海撷英

纪晓岚题联讽庸医

有一个庸医，医道拙劣，常出事故，曾把纪晓岚耽误了好几次，纪晓岚对他十分不满。可这医生偏偏再三来请求纪晓岚的"墨宝"，其用意当然是想借纪晓岚的名望地位来抬高自己的身价。

纪晓岚一时却不过情面，只好替他写了一块匾额——"明远堂"。

医生看这字面很漂亮，就高高兴兴地拿着匾额回去了。

旁人不解纪晓岚题这三个字究竟什么用意。他解释说：

"经书上不是有'不行焉，可谓明也已矣'和'不行焉，可谓远也已矣'的句子吗？像这样的医生，只好说他'不行'。"

听的人为之哑然，于是又问他："假如这医生再来纠缠不休，定要配幅对联，你打算怎样？"

纪晓岚回答说，早已想好了两副对联，一副五言的，是把孟浩然一首五言律诗里的"不才明主弃，多病故人疏"两句变换两个字，成为："不明财主弃，多故病人疏"（上联中的"不明"是指医道不高明，"财主"就是借求医的病家，下联中的"故"字解释为"事故"）；另一副七言对联，上联是用杜甫《兵车行》诗里的现成句子："新鬼烦冤旧鬼哭"，下联是用李商隐《马嵬》诗里的现成句子："他生未卜此生休。"

想来这两副对联后来是不会写出去的，但就其对仗而言，就可以说是天衣无缝，而且引人发笑。

◎文苑拾萃

七绝二首

（清）纪晓岚

（其一）

山色空濛淡似烟，参差绿到大江边；
斜阳流水推篷望，处处随人欲上船。

（其二）

白草粘天野兽肥，弯弧爱尔马如飞；
何当快饮黄羊血，一上天山雪打围。

ZHONGHUACHUANTONGMEIDEBAIZIJING
中华传统美德百字经

温·温文尔雅

第三篇

雅人深致

刘禹锡的"铭志联"

◎天与人交相胜。——刘禹锡

> 刘禹锡(772—842),苏州嘉兴(今属浙江省)人,字梦得,祖先来自北方,自言出于中山(今河北省定州市)。唐朝著名诗人,中唐文学的代表人物之一。因曾任太子宾客,故称刘宾客,晚年曾加检校礼部尚书、秘书监等虚衔,故又称秘书刘尚书。

传说,唐代大文学家刘禹锡不仅才华出众,文思敏捷,做官亦廉洁公正、刚直不阿,从来不会谄上欺下;再加上他在朝廷极力鼓吹改革,这样就得罪了很多达官显贵,这些人千方百计在皇帝面前奏本,诬告刘禹锡。

刚开始皇上还不太相信,但久而久之,皇上也就偏听偏信了。盛怒之下,刘禹锡连续遭贬,降级使用,放逐外官。这一年,刘禹锡又一次由京城被贬到和州去当通判。

按当时的规矩,新官到新地方上任一定要给当地的顶头上司送礼、拉关系,但刘禹锡却不搞这一套,既不给知州策大人送礼,也不专门去策知州家谒见。

策知州心里很不满意,于是就指使手下人给刘禹锡只安排了三间小屋子,居住面积要比按规定的少一半。

刘禹锡不喜也不恼,平和静气地住了进去。因这小屋子在江边,刘禹锡推窗赏景,来了灵感,便写了一副对联挂在了门楣上:

身在和州思争辩,面对大江观白帆。

　　刘禹锡每日除了读书，就是作诗，似乎忘记了自己还是个通判，对策知州更是不予理睬。

　　策知州见刘禹锡不买他的账，又嘱咐手下人赶刘禹锡搬家，这回的新居面积比原来的又缩小了一半。

　　刘禹锡二话没说，心平气和地搬了家，在新居又写了一副对联：

　　　　杨柳青青江水平，人在历阳心在京。

　　这一次策知州静等了几天，见刘禹锡仍然没有什么动静，再次吩咐手下人赶刘禹锡搬家。这一次更狠，只给了刘禹锡一间小屋子。

　　刘禹锡早就知道这是策知州大人在故意捉弄他，但他就是装糊涂，似乎对房子的事毫无感觉，让住一间小屋子，他就毫无怨言住下。

　　他见新居的小屋旁有一棵枯树，枯树的旁边林木葱郁，于是便悟出了一点东西，提笔写了一联：

　　　　沉舟侧畔千帆过，病树前头万木春。

　　策知州这一次见刘禹锡还是没有什么反应，就打发手下人给刘禹锡送去了一块大长条青石头，放在了刘禹锡的门前。那意思不言自明，是用来讽喻刘禹锡是个顽固不化、一点世故人情也不懂的石头。

　　刘禹锡根本不管策知州送石头来的用意，但这块长条大青石头他却派上了用场。他写了一篇《陋室铭》，找石匠刻在了石条上，然后放在了屋前。

　　想不到的是，由于刘禹锡的《陋室铭》写得太有文采了，使刘禹锡住的小屋在和州成了一道亮丽的风景，很多人都争相来参观、传抄……

　　不久，这件事便传到京城，有的大臣还把此事奏本给皇上，说他在外做官，清正廉明，身居陋室，无怨无悔。皇上一高兴，就罢了和州策知州的官，提升刘禹锡为和州刺史。

◎故事感悟

　　这正是所谓的"江山易改，禀性难移，刚正不屈，官场失利"吧，但刘禹锡那种无欲无求、淡泊名利的作风也是值得后人效仿的。

◎史海撷英

刘禹锡性情耿直

　　刘禹锡性格耿直，经常因为直言相谏而得罪权贵，但他从不在意。

　　永贞元年，刚刚即位的唐顺宗李诵任用王叔文进行社会改革，引起宦官反对，迫使顺宗退位，拥其长子李纯为宪宗，并贬逐王叔文。刘禹锡因与改革派合作，也被先后贬至连州（今广东连县）、朗州（今湖南常德）。10年后，当朝宰相赏识他的才干，召他回到长安。

　　刘禹锡回到长安后，听说长安的朱雀街旁崇业坊有一座玄都观。观内的道士种植了许多桃树，桃花盛开如云霞，于是便去观赏，并写诗一首《元和十年自朗州承召至京戏赠看花诸君子》：

　　　　紫陌红尘拂面来，无人不道看花回。
　　　　玄都观里桃千树，尽是刘郎去后栽。

　　诗题中的诸君子，指的是和刘禹锡一起被贬又同时被召回长安的朋友柳宗元、韩泰、韩晔、陈谏四人。

　　从"戏赠"的"戏"字中可以看出，这首诗是有另一层含意的，字面的意思是：长安大街上车马扬起的飞尘扑面而来，没有人不是说刚看完花回来。玄都观里的上千棵桃树都是刘禹锡贬官出长安后栽的啊！其实，诗的后两句是讽刺当朝众多的现任大官，说他们都是诗人遭贬后被提拔出的谄媚之臣。

　　因为这首诗，权贵们都大为恼火，于是刘禹锡再一次被贬到播州（今贵州遵义）。

◎文苑拾萃

插田歌

（唐）刘禹锡

冈头花草齐，燕子东西飞。

田塍望如线，白水光参差。

农妇白纻裙，农父绿蓑衣。

齐唱郢中歌，嘤佇如竹枝。

但闻怨响音，不辨俚语词。

时时一大笑，此必相嘲嗤。

水平苗漠漠，烟火生墟落。

黄犬往复还，赤鸡鸣且啄。

路旁谁家郎，乌帽衫袖长。

自言上计吏，年幼离帝乡。

田夫语计吏，君家侬定谙。

一来长安道，眼大不相参。

计吏笑致辞，长安真大处。

省门高轲峨，侬入无度数。

昨来补卫士，唯用筒竹布。

君看二三年，我做官人去。

安乐先生的风雅

◎君子改过，小人饰非；改过终悟，饰非终迷；终悟
福至，终迷祸归。——邵雍

> 邵雍（1011—1077），字尧夫，谥号康节，又称安乐先生、百源先生，谥康节，后世称邵康节。北宋五子之一，北宋理学家。生于河北范阳（今河北省涿州市），后随父移居共城，晚年隐居在洛阳。因为长期隐居，名字不被后人知道。宋朝理学鼻祖之一的程颢曾在与邵雍切磋之后赞叹道："尧夫，内圣外王之学也！"著有《皇极经世》、《伊川击壤集》、《观物内外篇》、《渔樵问对》等。

邵雍是北宋时期著名的理学家。晚年时期，他在洛阳隐居。

邵雍在刚刚到洛阳时，居住在一所狭小简陋的草房里。这所简陋房子不仅不能遮风避雨，他每天还要亲自砍柴炊饭来侍奉父母。生活虽然很清苦，但他能乐在其中，别人很难体察他这种心境。到父母去世居葬，他哀恸不已，形体憔悴，极尽孝礼。

后来，富弼、司马光、吕公著等贤人都退居洛阳。他们素来敬佩邵雍，就经常与邵雍来往，相互间成为好友，还为邵雍买了宅园。

但是，邵雍每年都自己耕种庄稼，自己供给衣食。他还把自己的住地称为"安乐窝"，自称为"安乐先生"。

邵雍每天早晨都会焚香安坐，午后斟饮三四杯酒，略有醉意就停饮，从不喝醉。喝到有兴致时，就吟哦诗句借抒己怀。

春秋宜人的时节，他还会外出游览城中。风雨天一般不出，出去就乘坐

小车。一人挽车，随心所欲，任凭所去。士大夫的家人都熟悉他的车音，所到争相迎候，小孩和仆人都高兴地互相说："我家的先生来了。"亲密到不再称他的姓和字，偶或他也停住两宿才离去。

有些好事的人还另外盖些房屋，如邵雍所住的一样，等候他的到来，并称作"行窝"。

◎故事感悟

邵雍温文尔雅，也正因为他的风雅，所以才会在人们心中留下很好的声誉。

◎史海撷英

邵雍对易经的研究

邵雍对易经极有研究，开拓了"象数"学的领域。他"探迹索隐，妙悟神契，洞彻蕴奥，汪洋浩博，多其所自得者"，继承并发扬了陈抟的"周易先天图说"。

对此，朱震认为：

"陈抟以《先天图》传种放，种放传穆修，穆修传李之才，之才传邵雍。"

而朱熹则认为邵雍传自陈抟，陈抟亦有所承传：

"邵子发明先天图，图传自希夷，希夷又自有所传。"

在研究易经的过程中，邵雍认为：

道生一，一为太极；一生二，二为两仪；

二生四，四为四象；四生八，八为八卦；

八卦生六十四，六十四具而后天地之数备焉。

天地万物莫不以一为本原，

于一而演之以万，穷天下之数而复归于一。

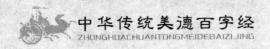

◎文苑拾萃

瞻礼孔子吟

（宋）邵雍

执卷何人不读书，能知性者又何如。

工居天下语言内，妙出世间绳墨馀。

陶冶有无天事业，权衡治乱帝功夫。

大哉赞易修经意，料得生民以后无。

蒲松龄写联自勉

◎宴笑友朋多，患难知交寡。——蒲松龄

蒲松龄（1640—1715），字留仙，一字剑臣，别号柳泉居士。山东淄川（今淄博市淄川区）人。世称"聊斋先生"。

《聊斋志异》的作者蒲松龄自小就怀有远大的抱负，一心想考取功名。然而成年后，每次参加考试他都名落孙山。

后来，蒲松龄认识到科举制度的残酷，干脆放弃了科举成名之路，潜心著书，惨淡经营《聊斋志异》。

为了完成这部旷代巨著，他特意在路口设了一个茶摊，供往来行人饮用，听过往行人讲南朝北国的故事和所见所闻。蒲松龄选择其中一些有意义的故事记录下来，然后加以整理，写成小说。

为了勉励自己勤奋写作，完成《聊斋志异》这部巨著，他还在压纸的铜尺上刻下了一副对联：

> 有志者，事竟成，破釜沉舟，百二秦关终属楚。
> 苦心人，天不负，卧薪尝胆，三千越甲可吞吴。

这一副对联运用了两个典故，一个是项羽破釜沉舟大破秦兵，一个是越王勾践卧薪尝胆灭吴雪耻，充分表现了蒲松龄为了达到自己的目的，坚决奋斗到底的决心。

　　蒲松龄没有食言，最终完成了《聊斋志异》一书。书刚脱稿，就有人用手抄本到处流传。

◎故事感悟

　　从文学价值来说，蒲松龄的《聊斋志异》为我国古典文学竖起了一块丰碑。

◎史海撷英

蒲松龄游幕宝应

　　康熙九年（1670）秋，蒲松龄为了全家的生计，也为了开阔眼界，应聘于同邑进士、江苏宝应县令孙蕙，南下宝应县署做幕宾，协助办理文牍事务。

　　宝应是苏北的古邑，隶扬州府辖，由于地处淮河下游并临大运河，当水路之冲，因而迎送官员驿站供应繁重；且遇连年水灾，土地村舍俱淹，百姓号寒啼饥，流离失所。孙蕙自康熙八年任此灾邑，处境困难，蒲松龄的到来的确是帮了他的大忙。次年春，孙蕙被调兼署高邮州署。

　　蒲松龄代孙蕙共拟书启、文告等稿90余篇，大都体现了州县官吏的艰辛、难以生活的处境以及灾区的惨状、百姓的困苦，为孙蕙赢得了一定的政声。

　　在南游期间，蒲松龄沿途还观赏到了苏北水乡的秀丽风光，激发了他的文学创作热情。而他亲眼目睹的仕途险恶与社会黑暗，以及处于水深火热中的灾民惨状，更是为他的文学创作提供了深广的生活体验。

◎文苑拾萃

午中饭

（清）蒲松龄

黄沙眯眼骄风吹，六月奇热如笼炊。

午食无米煮麦粥，沸汤灼人汗簌簌。

儿童不解燠与寒，蚁聚喧哗满堂屋：

长男挥勺鸣鼎铛，狼藉流饮声枨枨；

中男尚无力，携盘觅箸相叫争；

小男始学步，翻盆倒盏如饿鹰。

弱女踯躅望颜色，老夫感此心茕茕。

刘师亮写联抨时政

◎文人，都雅人深致。——格言

> 刘师亮（1876—1939），原名刘芹丰，曾用名刘慎三。四川内江人。在成都办了一个刊物《师亮随刊》。一生著有《师亮全集》、《师亮竹枝词》等诗歌、谐联著作。自称"谐庐主人"的刘师亮，是20世纪初从内江椑木镇走出，并在二三十年代名噪巴蜀的"谐联大师"。刘师亮在成都经商之余，常关注民情民事、时事时势，用笔抨击时弊，为民伸张正义。他那文风独特、其嬉笑怒骂入木三分的谐联至今被读者传述。

四川有一位名叫刘师亮的爱国人士，从小就胸怀大志，且为人正直、坦荡，忧国忧民。

晚清时期，刘师亮崇尚康有为、梁启超，希望光绪皇帝在康、梁的辅佐之下能变法成功，但后来希望成为泡影。

孙中山举起辛亥革命大旗后，刘师亮又一阵狂喜，带头剪掉辫子。但辛亥革命轰轰烈烈闹了一阵子后，袁世凯由总统当上了皇帝。

袁世凯的皇帝梦还没做完，又是军阀混战，中国仍然毫无生气。尤其是四川，总督换来换去，一个个都是口是心非为非作歹，"一蟹不如一蟹"。

于是，刘师亮心灰意冷，写了一副对联，一来抨击时政，二来聊以自慰：

是龙，是虎，是跳蚤，是乌龟？睁着眼睛长期看。

吹风，吹雨，吹自由，吹平等，捂着耳朵少去听。

从联语中可看出刘师亮那累次遭受波折后的失望心情。

此外，刘师亮对当时四川军阀的横征暴敛也写过几副对联进行讽刺：

半年粮上六回，时拘押，时比追，迄无宁日；

百货税征数道，罢请求，罢减免，只有呼天。

月月完粮，该老乡应担义务；

天天上锁，为小民抗缴乐捐。

你革命，我革命，大家喊革命，问他一十八年，究竟革死多少命；

男同胞，女同胞，亲爱好同胞，哀我七千万众，只能同得这回胞。

◎故事感悟

刘师亮的几副对联，锋芒直指反动军阀，令人拍手称快。

◎史海撷英

刘师亮的"绝对"

1928年的"双十节"，刘师亮在其住宅门柱上贴出一副对联：

普天同庆，庆得自然。庆庆庆，当庆庆，当庆当庆当当庆；

举国若狂，狂到极点。狂狂狂，且狂狂，且狂且狂且且狂。

此联立即引起了成都五老七贤及社会各界的关注，成为当时成都的一道文化风景线。联语"当庆"、"且狂"巧妙运用了四川民间广为流行的打击乐器发出的声响，来表示对军阀及黑暗社会的诅咒。

在吃人的社会里，几家欢喜几家愁，百姓处于水深火热之中，丧心病狂的军阀只顾打内战，所以百姓才"狂狂狂，且狂狂，且狂且狂且且狂"。

◎文苑拾萃

竹枝词

刘师亮

贫民觅食亦可怜，破晓搧炉立市前。

任是雪饕风又虐，四处犹喊卖汤圆。

贫妇谋生大可哀，筅筅提起转通街；

苦她到处无衣补，且与他人补破鞋！

梅兰芳珍藏的火柴盒

◎我们在坚持工作之外，还必须养成坚持休息的习惯。——梅兰芳

> 梅兰芳（1894—1961），名澜，又名鹤鸣，小名裙子、群子，字畹华，别署缀玉轩主人。祖籍江苏泰州，清光绪二十年出生在北京的一个梨园世家，是中国近代杰出的京旦行表演艺术家，举世闻名的中国戏曲艺术大师。他对京剧旦角的唱腔、念白、舞蹈、音乐、服装、化妆等各方面都有所创造发展，形成了自己的艺术风格，世称"梅派"。所著论文编为《梅兰芳文集》，演出剧目编为《梅兰芳演出剧本选集》。

我国著名表演艺术家梅兰芳生前有一个很特别的爱好：收藏火柴盒。其中，有一只火柴盒的封面上印的是卓别林扮演的大独裁者——希特勒在玩弄地球仪，里边的火柴都制成炸弹形状，磷面正好连接到希特勒的屁股处。

整个设计幽默而又寓意深刻，炸弹与地球仪象征着这个大独裁者好战。谁要使用火柴，又必然会产生"玩火者必自焚"的联想。

这火柴盒的设计者，就是卓别林本人。而梅兰芳收藏这只火柴盒，还别有一番来历。

1941年的春天，《大独裁者》即将在香港上演。当时，美国电影在香港总是由"皇后"、"娱乐"这两家影院首映，中国人办的"利舞台"剧场这次想争得首映权，就找正留居香港的梅兰芳设法帮忙。

梅兰芳与卓别林早在1930年就建立了友谊，现在他为此事特地打了个电报给卓别林，卓别林很快就复电"同意"。

《大独裁者》在香港上映后，梅兰芳先后看了七遍，还从艺术角度加以钻

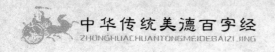
研和探讨，记下了二三十条体会。

这种炸弹式火柴，就是"利舞台"首映《大独裁者》时作为新片的宣传广告赠给梅兰芳的。此后，梅兰芳一直珍藏着这一只富有纪念意义的火柴盒。

◎故事感悟

梅兰芳珍藏这个与众不同而又寓意深刻的火柴盒，让它时刻提醒自己，在任何情况下都要保持斗争的信念，保持自己的那份坚守。

◎史海撷英

梅兰芳艺名的由来

光绪三十四年（1908）秋天，喜连成班的班主叶春善带领着他的唱班在吉林演出。

一天早晨，叶春善偕筹资组建喜连成的开明绅士牛子厚到吉林的北山上散步。两人边散步边闲谈，忽然发现有一人在小树林里练剑。

只见他体态轻盈，动作敏捷。那剑被他舞得寒光闪闪，风声嗖嗖，把自己围在水泼不进的弧光圈里。牛子厚简直看呆了。他生平酷爱京剧，也观赏过不少武术高手的表演，但像今天见到这样的绝伦剑技还是不多。他情不自禁地连连拍手叫好。

舞剑的人听到有人喝彩，连忙把剑收住，两颊绯红，用手帕揩拭额头沁出的细密汗珠，恭敬地向牛子厚躬身施礼：

"牛老板，喜群献丑了。"

牛子厚走到近前定睛细看，只见面前这个年轻人仪表堂堂，气度潇洒，举止端庄，真是一个挑大梁的料子，便问道：

"你可曾有艺名？"

叶春善接答道：

"我给他起了个艺名叫'喜群'。"

牛子厚沉吟良久，说：

"这孩子相貌举止不俗，久后必成大器，给他更名'梅兰芳'如何？"

叶春善师徒二人欣然同意。从此，就用了"梅兰芳"这一享誉国内外的艺名。

◎文苑拾萃

和啬翁句

梅兰芳

积慕来登君子堂，花迎竹护当还乡。

老人故自矜年少，独愧唐朝李八郎。

临别赋呈啬公

梅兰芳

人生难得是知己，烂贱黄金何足奇。

毕竟南通不虚到，归装满压啬公诗。

妙趣横生的"自传"

◎哲人的智慧，加上孩子的天真，或者就能成个好作家了。——老舍

老舍（1899—1966），字舍予，笔名老舍（另有笔名絜青、鸿来、非我等）。满洲正红旗人，生于北京。中国现代著名小说家、文学家、戏剧家。是文艺界当之无愧的"劳动模范"，发表了大量影响后人的文学作品，获得"人民艺术家"的称号。

著名作家老舍出身贫寒，曾当过教师，也当过教授。他毕生都从事文学创作，平均每年都要写出20万字。

老舍的创作态度极为认真，一部《春华秋实》曾先后改写过10余次。在语言艺术上，他更是刻意求工，能够用几句话把人物描画得栩栩如生，练就了一支生花妙笔，以独特的风格驰骋文坛。

然而，他一向的品行是四个字：质朴自谦。他写过一个妙趣横生的"自传"："舒舍予，字老舍，现年40岁，面黄无须。生于北平。3岁失怙，可谓无父，志学之年，帝王不存，可谓无君。无父无君，特别孝爱老母，布尔乔亚之仁未能一扫空也。幼读300篇，不求甚解。继学师范，遂奠教书匠之基，及壮，糊口四方，教书为业，甚难发财，每购奖券，以得末彩为荣，示甘于寒贱也。27岁发愤著书，科学哲学无所懂，故写小说，博大家一笑没什么了不得。34岁结婚，今已有一男一女，均狡猾可喜。闲时喜养花，不得其法，每每有叶无花，亦不忍弃。书无所不读，全无所获并不着急。教书作事均甚认真，往往吃亏，亦不后悔。如此而已，再活40年也许能有点出息。"

◎故事感悟

　　老舍这个妙趣横生的自传，让我们体会到了老舍的雅人深致。在这"趣味"的同时，也能感受到老舍藏在心中的那份"志向"。

◎史海撷英

老舍的贡献

　　1946年，老舍和曹禺作为我国民间第一批文化人应邀赴美国访问和讲学。

　　在美国，老舍做了多次公开演讲，为增强大洋彼岸的人们了解中国人民和中国文学发挥了积极的作用，并在此写成《四世同堂》的第三部《饥荒》和另一部长篇小说《鼓书艺人》，还有《断魂枪》等，同时还协助美国友人翻译了他的一些作品。

　　《四世同堂》是老舍完成的规模最为宏大的一部作品，共约100万字。故事以北平的一个名叫"小羊圈"胡同里多种人物，特别是以祁家祖孙四代为中心，展开了错综复杂的画面与情节，表现了沦陷区人民的苦难经历，以及他们在幻想破灭后终于觉醒，坚决抗战的过程，揭露了日本侵略者的残暴和汉奸的无耻，写出了知识分子的善良、懦弱和苦闷，以及下层市民坚强不屈的意志和决心，包含着老舍强烈的爱国主义精神，为中华民族全民抗战留下了一座伟岸的纪念碑。

◎文苑拾萃

潼关炮声

老舍

　　　　瓦砾纵横十万家，潼关依旧障京华。
　　　　荒丘雨后萌青草，恶浪风前翻血花；
　　　　堪笑晴雷惊鸟雀，誓凭古渡斗龙蛇；

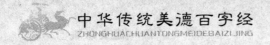
山河浩气争存灭，自有军容灿早霞！

一水惊蛇岸欲流，黄沙赤血撼天浮！

奇兵无愧关河险，壮志同消今古仇；

峪口新营嘶战马，山腰古道隐耕牛；

连宵炮火声声急，静待军情斩贼头！

闻一多为友篆刻

◎尽可多创造快乐去填满时间，哪可活活缚着时间来陪着快乐。——闻一多

> 闻一多（1899—1946），原名闻家骅，又名多、亦多、一多，字友三、友山。中国现代伟大的爱国主义者，坚定的民主战士，中国民主同盟早期领导人，中国共产党的挚友，诗人、学者、民主战士。新月派代表诗人，作品主要收录在《闻一多全集》中。

现代诗人闻一多喜爱篆刻，尤其忠于友情，常常为朋友门生欣然奏刀。

闻一多与华罗庚是挚友。在昆明时，两人曾同住郊区，三间农舍分居两家人，一间是共用的。战乱时期，大人们是文章知己，孩子们是青梅竹马，两家的关系亲密异常。

1944年，闻一多为华罗庚篆刻了一枚石章，还留下了风趣的边款：

"甲申岁晏为罗庚兄制印兼为之铭曰：硕石一方，一多所凿，奉贻教授，领薪立约，不算寒伧，也不阔绰，陋于牙章，雅于木戳，若在战前，不值两角。"

闻一多是一名出色的民主战士，这时已看了一些马列和毛泽东同志的著作，坚决站在人民群众一边。为了表示自己的决心，他特为自己刻了一方印章，上用钟鼎文篆刻"叛徒"两字。

有一次，他的一名得意学生前来辞别远行，他把学生留在家中吃了晚饭，然后又亲切交谈到深夜。

临别前，闻一多提笔写下了语重心长的一句话：

"君子不可以不宏毅，任重而道远！"

最后，闻一多饱蘸通红印泥，在条幅上有力地按下了那枚"叛徒"印章。他说：我要做一个旧世界的叛徒！

◎故事感悟

好一个"旧世界的叛徒"！闻一多在挥刀的同时，也挥下了他坚定的决心和昭然的希望！

◎史海撷英

《七子之歌》的创作

《七子之歌》被看做我国人民迎接澳门回归的"主题曲"。然而，很多人并不知道，这首歌的歌词并非为澳门回归而写的新作，它是80多年前的一首题为《七子之歌》的组诗中的第一篇。这首词的作者就是著名的爱国学者和诗人闻一多。

在20世纪20年代上半叶，刚刚从清华学校毕业的闻一多远涉重洋，前往美国留学。从1922年开始，他先后在芝加哥美术学院、柯泉科罗拉多大学和纽约艺术学院学习美术，同时还花费大量的精力从事几年前就开始的新诗创作和文学研究。

独居异域他邦，闻一多对祖国和家乡产生了深深的眷恋；在西方"文明"社会中亲身体会到很多种族歧视的屈辱，更激起了他强烈的民族自尊心。正是在这样的背景下，闻一多写下了《七子之歌》的爱国思乡之作。

◎文苑拾萃

祈 祷

闻一多

请告诉我谁是中国人，

启示我，如何把记忆抱紧；

请告诉我这民族的伟大，

轻轻地告诉我，不要喧哗！

请告诉我谁是中国人，

谁的心里有尧舜的心，

谁的血是荆轲聂政的血，

谁是神农黄帝的遗孽。

告诉我那智慧来得离奇，

说是河马献来的馈礼；

还告诉我这歌声的节奏，

原是九苞凤凰的传授。

请告诉我戈壁的沉默，

和五岳的庄严？又告诉我

泰山的石溜还滴着忍耐，

大江黄河又流着和谐？

再告诉我，那一滴清泪

是孔子吊唁死麟的伤悲？

那狂笑也得告诉我才好，

庄周淳于髡东方朔的笑。

请告诉我谁是中国人，

启示我，如何把记忆抱紧；

请告诉我这民族的伟大，

轻轻地告诉我，不要喧哗！

冰心的"玫瑰花"

◎青春活泼的心，决不作悲哀的留滞。——冰心

冰心（1900—1999），原名为谢婉莹，笔名冰心，取"一片冰心在玉壶"为意。被称为"世纪老人"。现代著名诗人、作家、翻译家、儿童文学家，曾任中国民主促进会中央名誉主席，中国文联副主席，中国作家协会名誉主席、顾问，中国翻译工作者协会名誉理事等职。

中国现代著名作家冰心非常喜爱玫瑰花。在童年的时候，她阅读《红楼梦》时，看到书中小厮兴儿形容探春的传神句子：

"三姑娘的混名儿叫'玫瑰花儿'，又红又香，无人不爱，只是有刺扎手……"

自此，她就对这种浓艳而又有风骨的花十分喜爱。

20世纪20年代末期，冰心有了自己的家，就在廊前种了两行德国种的白玫瑰。花开得很大，花期又长，从阴历的三月三到九月九，都不断有盛开的玫瑰，她家的花瓶里就常有鲜花供养。她不仅自己享用，还送朋友，送给在校医院里养病的学生。

在抗战期间，冰心住在重庆歌乐山下的一幢土房里，周围虽有空地，但为生活，只能种一些瓜菜之类。

新中国成立以后，冰心从国外回来，可惜宿舍在楼上，没有办法种玫瑰了。没想到，楼下有两个年轻人都是玫瑰爱好者，在花圃里栽满了各种玫瑰。他们知道冰心爱玫瑰，每天清晨都会给冰心送上一把鲜艳的带着露水的玫瑰。

他们几乎是轮流地给她送花，从春天开的第一朵一直送到秋后开的末一朵，即使她住院时也不例外。这是冰心每天的第一桩大快事，她曾这样描写自己的心情：

"每天早起，我还在梳洗的时候，只要听到轻轻的叩门声，我的喜悦就像泉水似地涌溢了出来……"

◎故事感悟

也许，正是有着玫瑰花那种无人不爱而又有着锋利的棱角，冰心才会对玫瑰花如此执著地追求和喜爱。而更让我们感到温暖的，是那两个年轻人每天都会给别人带来喜悦心情的无私帮助。

◎史海撷英

冰心投入爱国学生运动时代潮流

新文化运动的兴起和五四运动的爆发，使冰心把自己的命运和民族的振兴紧密地联系在一起。她全身心地投入时代潮流，被推选为大学学生会文书，并因此参加北京女学界联合会宣传股的工作。

在爱国学生运动的激荡之下，1919年8月，冰心在《晨报》上发表了她的第一篇散文《二十一日听审的感想》和第一篇小说《两个家庭》。而且后者第一次开始使用"冰心"这个笔名。

由于作品直接涉及重大的社会问题，很快就在社会上产生了巨大影响。冰心说，是五四运动的一声惊雷，将她"震"上了写作的道路。之后她所写的《斯人独憔悴》、《去国》、《秋风秋雨愁煞人》等"问题小说"，都突出地反映了封建家庭对人性的摧残、面对新世界两代人的激烈冲突以及军阀混战给人民带来的痛苦等。

其间，协和女子大学并入燕京大学，冰心以一个青年学生的身份加入了当时著名的文学研究会。她的创作在"为人生"的旗帜下源源流出，发表了引起评论

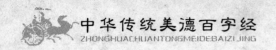

界重视的小说《超人》，引起社会文坛反响的小诗《繁星》《春水》，并由此推动了新诗初期"小诗"写作的潮流。

◎文苑拾萃

繁星·春水

冰心

繁星闪烁着

深蓝的天空

何曾听得见他们对语？

沉默中

微光里

他们深深的互相颂赞了

这些事

永不漫灭的回忆

月明的园中

藤萝的叶下

母亲的膝上

我的心

孤舟似的

穿过了起伏不定的时间的海

墙角的花

你孤芳自赏时

天地便小了

晚霞边的孤帆

在不自觉里

完成了自然的图画